초등학교 선생님이 직접 고른
핵심 주제 60개

# 문해력 만만
# 한 문장 글쓰기

올바른초등교육연구소 글
토마스 그림

천개의바람

**문해력 만만, 한 문장 글쓰기**

**펴낸날** 초판 1쇄 2025년 3월 4일 | 초판 2쇄 2025년 4월 11일

**글** 올바른초등교육연구소 | **그림** 토마스
**편집** 이정아 | **디자인** 이건화 | **홍보마케팅** 이귀애 이민정 | **관리** 최지은 강민정
**펴낸이** 최진 | **펴낸곳** 천개의바람 | **등록** 제406-2011-000013호 | **주소** 서울시 영등포구 양평로 157, 1406호
**전화** 02-6953-5243(영업), 070-4837-0995(편집) | **팩스** 031-622-9413

ⓒ올바른초등교육연구소, 2025 | ISBN 979-11-6573-614-9  73700

* 이 책은 저작권법에 따라 보호받는 저작물이므로 무단전재와 무단복제를 금지하며,
  이 책 내용의 전부 또는 일부를 이용하려면 반드시 저작권자와 천개의바람의 서면 동의를 받아야 합니다.

* 잘못 만든 책은 구입하신 서점에서 바꾸어 드립니다. 천개의바람은 환경을 위해 콩기름 잉크를 사용합니다.
* 종이에 베이거나 긁히지 않도록 조심하세요. 책 모서리가 날카로우니 던지거나 떨어뜨리지 마세요.

**제조자** 천개의바람 **제조국** 대한민국 **사용연령** 9세 이상

## 머리말

"글쓰기는 너무 어렵고 복잡해요."
"한 문장도 제대로 못 쓰겠어요. 글쓰기를 잘하려면 뭐부터 시작해야 하죠?"
"글을 잘 쓰는 친구들이 정말 부러워요."

우리 반 친구들이 자주 하는 말이에요. 여러분도 혹시 이런 말을 해 본 적이 있나요? 많은 친구가 글쓰기를 어려워해요. 사실, 글을 쓴다는 게 쉬운 일은 아니에요. 하지만 한 번 방법을 알게 되면, 놀이나 게임처럼 점점 더 재미있을 거예요.

그런데 여러분, 글쓰기를 잘하려면 무엇이 가장 중요할까요? 바로 문해력이에요. 문해력은 글을 읽고 내용을 이해하는 능력, 머릿속 생각을 글로 표현할 수 있는 능력을 말해요. 이 책은 여러분이 문해력을 키우고, 글쓰기에 자신감을 가질 수 있도록 도와주는 책이에요.

### 초등학생에게 진짜 필요한 주제!
이 책에는 사회, 환경, 문화, 역사, 사자성어 등 여러분이 흥미를 느낄 만한 주제들이 가득해요. 그래서 이 책을 꾸준히 읽다 보면 몰랐던 사실을 알게 되고, 배경지식도 쌓으며 똑똑한 어린이가 될 수 있어요.

### 읽기, 문법, 쓰기를 한 번에!
여러 주제의 글을 재미있게 읽은 뒤, 다양한 유형의 문법, 독해 문제를 풀다 보면 자연스럽게 글을 이해하는 능력도 길러질 거예요. 여기에 하나 더! 글쓰기를 어려워하는 친구들을 위해 한 문장 고쳐쓰기 활동도 넣었어요. 꾸준히 한 문장씩 글을 고쳐 쓰는 연습을 하다 보면 어느새 글쓰기를 어렵지 않게 느끼는 자신을 발견할 수 있을 거예요.

### 하나의 글도 그 시작은 한 문장부터!
여러분, 글쓰기는 처음엔 어려워 보여도 한 문장씩 차근차근 연습하다 보면 그리 어렵지 않아요. '천 리 길도 한 걸음부터'라는 속담처럼 하나의 글도 그 시작은 한 문장부터니까요. 이 책과 함께한다면 여러분도 언젠가 글쓰기를 즐겁게 느끼며 글쓰기가 만만해질 거예요.

이제 여러분이 행동할 차례예요. 준비됐나요? 문해력 만만! 글쓰기 만만!

올바른초등교육연구소 선생님 일동

## 이 책의 구성과 특징

### ❶ 다양한 주제
**주제별 핵심 이슈를 다뤄요.**

정치·경제·사회·문화·역사·환경·과학·예술·속담·사자성어·관용어 등 다양한 주제를 다뤘어요. 매일 다른 주제의 지문을 읽으며 사회를 바라보는 안목을 기를 수 있어요.

### ❷ 핵심어 체크
**어휘 학습이 쉽고 재미있어요.**

QR을 찍으면 낱말 풀이 동영상이 나와요. 동영상을 보면서 180개의 필수 어휘를 익힐 수 있어요.

### ❸ 읽기
**지문을 읽으며 문해력을 키워요.**

초등 3·4학년의 어휘력과 문장력에 맞춰 지문을 최적화했어요. 딱 맞는 지문을 읽으며, 글을 이해할 수 있는 능력을 키울 수 있어요.

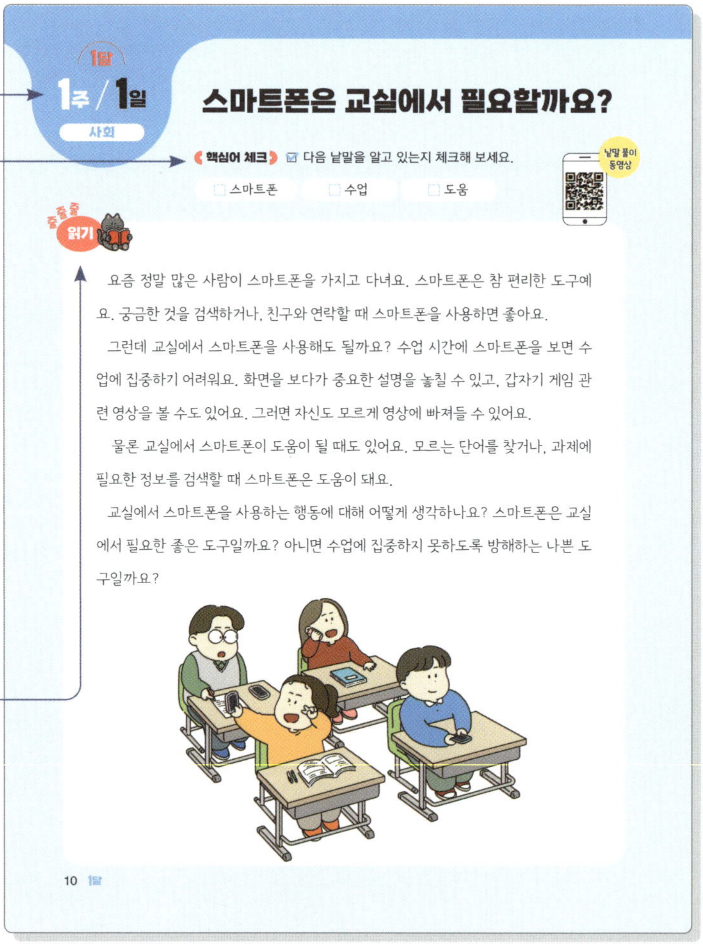

 ❹ 국어 문법의 기초를 익혀요.

문장의 구조와 문장을 구성하는 규칙을 한 문장으로 익히는 활동이에요. 국어 문법의 기초를 토대로 문장을 어떻게 써야 하는지 알 수 있어요.

 괄호에 들어갈 문장 부호는 무엇일까요?
알맞은 문장 부호에 ○표해 보세요.

꿀tip
문장의 의미에 따라 문장에 쓰이는 문장 부호가 달라져요.

화면을 보다가 중요한 설명을 놓칠 수 있고( . / , / ! / ? ) 갑자기 게임 관련 영상을 볼 수 있어요( . / , / ! / ? ).

 이 글의 내용을 잘 이해했는지 확인해 볼까요?
이 글의 내용이 아닌 것을 찾아 체크해 보세요.

• 스마트폰은 참 편리한 도구예요. ☐
• 스마트폰 화면을 보면서 중요한 설명을 들을 수 있어요. ☐
• 수업 시간에 스마트폰을 보면 수업에 집중하기 어려워요. ☐

 ❺ 지문의 내용을 파악해요.

제시된 문장을 읽으며, 지문의 내용과 맞는지 확인하는 활동이에요. 글의 내용을 제대로 이해하고 있는지 파악할 수 있으며, 한 문장으로 정리하는 기술을 배울 수 있어요.

 이 글의 내용을 한 문장으로 써 볼까요?
다음 문장을 틀린 부분을 고쳐 바르게 써 보세요.

스마트폰은 불편한 도구지만, 수업 시간에 스마트폰을 보면 수업에 집중하기 쉬워요.

 ❻ 한 문장을 완성해서 써요.

지문의 내용을 요약한 문장에서 틀린 부분을 찾아 바르게 고쳐 쓰는 활동이에요. 한 문장을 온전히 완성할 수 있으며, 스스로 쓸 수 있는 능력을 기를 수 있어요.

# 차례

## 1달 — 공부한 날

| | | | | |
|---|---|---|---|---|
| 1주/1일 | 사회 | 스마트폰은 교실에서 필요할까요? | 010쪽 | 월 일 |
| 1주/2일 | 환경 | 북극곰이 사라지고 있다! | 012쪽 | 월 일 |
| 1주/3일 | 문화 | 움직이는 그림, 애니메이션 | 014쪽 | 월 일 |
| 1주/4일 | 역사 | 나라를 지킨 영웅들 | 016쪽 | 월 일 |
| 1주/5일 | 속담 | 갈수록 태산 | 018쪽 | 월 일 |
| 2주/1일 | 사회 | 세계의 인구 폭발, 관심이 필요해요 | 022쪽 | 월 일 |
| 2주/2일 | 과학 | 고양이 눈은 밤에 왜 빛날까? | 024쪽 | 월 일 |
| 2주/3일 | 문화 | 힙합 문화, 거리에서 세계로 | 026쪽 | 월 일 |
| 2주/4일 | 경제 | 저축과 투자는 왜 중요할까요? | 028쪽 | 월 일 |
| 2주/5일 | 사자성어 | 죽을 고비를 넘기고 살아남다 | 030쪽 | 월 일 |
| 3주/1일 | 사회 | 디지털 시민 의식을 길러요 | 034쪽 | 월 일 |
| 3주/2일 | 과학 | 자외선 차단제는 왜 필요할까? | 036쪽 | 월 일 |
| 3주/3일 | 문화 | 자연과 사람의 마음을 담아내는 전통 악기 | 038쪽 | 월 일 |
| 3주/4일 | 경제 | 무역은 왜 할까요? | 040쪽 | 월 일 |
| 3주/5일 | 속담 | 닭 쫓던 개 지붕 쳐다본다 | 042쪽 | 월 일 |
| 4주/1일 | 사회 | 공정 무역이 세상을 바꿀 수 있을까요? | 046쪽 | 월 일 |
| 4주/2일 | 환경 | 지구 자원이 사라지고 있어요 | 048쪽 | 월 일 |
| 4주/3일 | 문화 | 뮤지컬과 연극은 어떻게 다를까? | 050쪽 | 월 일 |
| 4주/4일 | 역사 | 고려청자, 푸른빛의 아름다움 | 052쪽 | 월 일 |
| 4주/5일 | 속담 | 누워서 떡 먹기 | 054쪽 | 월 일 |

## 2달 — 공부한 날

| | | | | |
|---|---|---|---|---|
| 1주/1일 | 사회 | 미래의 교실, 달라진 수업 | 058쪽 | 월 일 |
| 1주/2일 | 환경 | 우리를 위협하는 대기 오염 | 060쪽 | 월 일 |
| 1주/3일 | 예술 | 디지털 아트, 예술과 기술의 만남 | 062쪽 | 월 일 |
| 1주/4일 | 역사 | 세계 4대 문명의 특징과 공통점 | 064쪽 | 월 일 |
| 1주/5일 | 속담 | 콩 심은 데 콩 나고 팥 심은 데 팥 난다 | 066쪽 | 월 일 |
| 2주/1일 | 사회 | 공유 킥보드, 정말 안전할까? | 070쪽 | 월 일 |
| 2주/2일 | 과학 | DNA는 무슨 일을 할까요? | 072쪽 | 월 일 |
| 2주/3일 | 문화 | 세계 춤의 날, 우리 같이 춤출까요? | 074쪽 | 월 일 |
| 2주/4일 | 역사 | 나라를 지킨 영웅, 이순신 | 076쪽 | 월 일 |
| 2주/5일 | 정치 | 국회의원은 어떤 일을 할까? | 078쪽 | 월 일 |

| | | | | | |
|---|---|---|---|---|---|
| 3주/1일 | 사회 | 흥, 엉터리 의사군! | 082쪽 | 월 | 일 |
| 3주/2일 | 환경 | 전기 자동차는 어떻게 다를까요? | 084쪽 | 월 | 일 |
| 3주/3일 | 문화 | 한국 문화가 세계를 사로잡다 | 086쪽 | 월 | 일 |
| 3주/4일 | 역사 | 중세 유럽의 기사들 | 088쪽 | 월 | 일 |
| 3주/5일 | 경제 | 우리나라의 돈은 어떻게 만들어질까? | 090쪽 | 월 | 일 |
| 4주/1일 | 사회 | 빈부 격차는 왜 생기는 걸까? | 094쪽 | 월 | 일 |
| 4주/2일 | 과학 | 바다의 신비로운 세계, 심해 | 096쪽 | 월 | 일 |
| 4주/3일 | 예술 | 순간을 영원으로 만드는 사진 예술 | 098쪽 | 월 | 일 |
| 4주/4일 | 역사 | 대한민국을 상징하는 태극기 | 100쪽 | 월 | 일 |
| 4주/5일 | 경제 | 세금을 어디에 쓰는지 궁금해요! | 102쪽 | 월 | 일 |

## 3달

| | | | | 공부한 날 | |
|---|---|---|---|---|---|
| 1주/1일 | 사회 | 무인 가게가 많아지는 이유는? | 106쪽 | 월 | 일 |
| 1주/2일 | 환경 | 보이지 않는 미세 먼지의 공격 | 108쪽 | 월 | 일 |
| 1주/3일 | 예술 | 〈모나리자〉 속에 담긴 비밀 | 110쪽 | 월 | 일 |
| 1주/4일 | 역사 | 세상을 바꾼 산업 혁명 | 112쪽 | 월 | 일 |
| 1주/5일 | 속담 | 소 잃고 외양간 고친다 | 114쪽 | 월 | 일 |
| 2주/1일 | 사회 | 온라인 학교가 생긴다면? | 118쪽 | 월 | 일 |
| 2주/2일 | 과학 | 태양광 에너지의 무한한 가능성 | 120쪽 | 월 | 일 |
| 2주/3일 | 예술 | 종이의 멋진 변신 | 122쪽 | 월 | 일 |
| 2주/4일 | 역사 | 영원할 것만 같았던 로마 제국 | 124쪽 | 월 | 일 |
| 2주/5일 | 경제 | 전자 화폐, 미래의 돈이 될 수 있을까? | 126쪽 | 월 | 일 |
| 3주/1일 | 정치 | 대통령은 어떤 일을 할까요? | 130쪽 | 월 | 일 |
| 3주/2일 | 역사 | 조선 시대 왕의 하루 | 132쪽 | 월 | 일 |
| 3주/3일 | 사자성어 | 일석이조, 두 마리 새를 잡아라! | 134쪽 | 월 | 일 |
| 3주/4일 | 경제 | 세계를 연결해 주는 세계화 | 136쪽 | 월 | 일 |
| 3주/5일 | 관용어 | 도마 위에 오르다 | 138쪽 | 월 | 일 |
| 4주/1일 | 정치 | 민주주의의 꽃, 선거와 투표 | 142쪽 | 월 | 일 |
| 4주/2일 | 역사 | 조선의 해시계, 앙부일구 | 144쪽 | 월 | 일 |
| 4주/3일 | 속담 | 뛰는 놈 위에 나는 놈 있다 | 146쪽 | 월 | 일 |
| 4주/4일 | 경제 | 세계에서 가장 비싼 초콜릿 | 148쪽 | 월 | 일 |
| 4주/5일 | 사자성어 | 고진감래, 고생 끝에 즐거움이 온다 | 150쪽 | 월 | 일 |

| 1일 | 스마트폰은 교실에서 필요할까요? | 사회 |

| 2일 | 북극곰이 사라지고 있다! | 환경 |

| 3일 | 움직이는 그림, 애니메이션 | 문화 |

| 4일 | 나라를 지킨 영웅들 | 역사 |

| 5일 | 갈수록 태산 | 속담 |

## 1주 / 1일 사회

# 스마트폰은 교실에서 필요할까요?

**핵심어 체크** ☑ 다음 낱말을 알고 있는지 체크해 보세요.

☐ 스마트폰　　☐ 수업　　☐ 도움

낱말 풀이 동영상

읽기

　요즘 정말 많은 사람이 스마트폰을 가지고 다녀요. 스마트폰은 참 편리한 도구예요. 궁금한 것을 검색하거나, 친구와 연락할 때 스마트폰을 사용하면 좋아요.

　그런데 교실에서 스마트폰을 사용해도 될까요? 수업 시간에 스마트폰을 보면 수업에 집중하기 어려워요. 화면을 보다가 중요한 설명을 놓칠 수 있고, 갑자기 게임 관련 영상을 볼 수도 있어요. 그러면 자신도 모르게 영상에 빠져들 수 있어요.

　물론 교실에서 스마트폰이 도움이 될 때도 있어요. 모르는 단어를 찾거나, 과제에 필요한 정보를 검색할 때 스마트폰은 도움이 돼요.

　교실에서 스마트폰을 사용하는 행동에 대해 어떻게 생각하나요? 스마트폰은 교실에서 필요한 좋은 도구일까요? 아니면 수업에 집중하지 못하도록 방해하는 나쁜 도구일까요?

괄호에 들어갈 문장 부호는 무엇일까요?
알맞은 문장 부호에 ○표해 보세요.

> 꿀tip
> 문장의 의미에 따라 문장에 쓰이는 **문장 부호**가 달라져요.

화면을 보다가 중요한 설명을 놓칠 수 있고( . / , / ! / ? ) 갑자기 게임 관련 영상을 볼 수 있어요( . / , / ! / ? )

이 글의 내용을 잘 이해했는지 확인해 볼까요?
이 글의 내용이 아닌 것을 찾아 체크해 보세요.

- 스마트폰은 참 편리한 도구예요.
- 스마트폰 화면을 보면서 중요한 설명을 들을 수 있어요.
- 수업 시간에 스마트폰을 보면 수업에 집중하기 어려워요.

이 글의 내용을 한 문장으로 써 볼까요?
다음 문장을 틀린 부분을 고쳐 바르게 써 보세요.

스마트폰은 불편한 도구지만, 수업 시간에 스마트폰을 보면 수업에 집중하기 쉬워요.

## 1주 / 2일
**환경**

# 북극곰이 사라지고 있다!

**핵심어 체크** ☑ 다음 낱말을 알고 있는지 체크해 보세요.

☐ 북극    ☐ 지구 온난화    ☐ 경쟁

    북극곰은 추운 북극에서 사는 멋진 동물이에요. 하지만 지구 온난화 때문에 북극곰이 점점 사라지고 있어요. 지구 온난화는 지구가 더워지는 것을 말해요.

    지구가 더워지면 북극의 얼음도 녹아서 줄어들겠죠? 북극곰은 주로 얼음 위에서 사냥해요. 그러니 얼음이 줄어들면 북극곰이 먹이를 잡을 수 있는 사냥터도 점점 줄어드는 거예요. 북극곰이 먹이를 찾으려면 힘들게 더 멀리, 더 오래 이동해야 해요. 북극곰끼리 사냥터를 차지하려는 경쟁도 심해지고 있어요. 굶주린 북극곰이 점점 늘면, 북극곰 전체 수가 줄어들 거예요.

    지구 온난화로 북극곰이 살기 어려워졌어요. 우리가 지구 온난화를 막으려고 노력하면 지구도 보호하고, 북극곰도 안전하게 살 수 있어요.

 밑줄 친 낱말과 뜻이 비슷한 낱말은 무엇일까요?
괄호에서 알맞은 유의어를 찾아 ○표해 보세요.

> 뜻이 비슷한 낱말을 **유의어**라고 해요.

지구 온난화 때문에 북극곰이 <u>점점</u> 사라지고 있어요.
( 주로 / 오래 / 조금씩 )

 이 글의 내용을 잘 이해했는지 확인해 볼까요?
이 글의 내용이 아닌 것을 찾아 체크해 보세요.

- 지구가 더워지면 북극의 얼음이 녹아서 줄어들어요. ☐
- 지구 온난화 때문에 북극곰이 점점 사라지고 있어요. ☐
- 북극곰이 먹이를 잡을 수 있는 사냥터가 늘어나고 있어요. ☐

 이 글의 내용을 한 문장으로 써 볼까요?
다음 문장을 틀린 부분을 고쳐 바르게 써 보세요.

지구 온난화로 북극의 얼음이 늘어나면서 북극곰이 점점 사라지고 있어요.

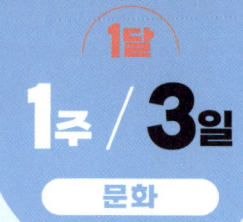

# 움직이는 그림, 애니메이션

**핵심어 체크** ☑ 다음 낱말을 알고 있는지 체크해 보세요.

☐ 애니메이션　　☐ 세기　　☐ 캐릭터

　애니메이션은 오늘날 우리가 TV나 영화관에서 자주 보는 움직이는 그림이에요. 애니메이션은 언제 보기 시작했을까요? 애니메이션의 시작은 19세기로 거슬러 올라가요. 그때는 여러 장의 그림을 빠르게 넘겨 보면서 움직이는 모습을 표현했어요. 1877년, 프랑스 발명가 '에밀 레노'가 '프락시노스코프'라는 장치를 만들었어요. 이 장치를 통해 보면 정지해 있던 그림이 마치 살아서 움직이는 것처럼 보였어요.

　그 뒤로 기술이 발전하면서 애니메이션도 더욱 나아졌어요. 1920년대에 월트 디즈니라는 사람이 만든 '미키 마우스' 캐릭터가 큰 인기를 끌었어요. 사람들은 움직이는 그림을 보며 마치 영화처럼 즐겼고, 애니메이션을 영화로 만들기 시작했어요. 움직이는 캐릭터와 화려한 색깔, 그리고 음악과 목소리가 더해진 애니메이션을 보며 사람들은 다양한 이야기를 더욱 생생하게 즐길 수 있게 되었어요.

월트 디즈니와 미키 마우스

괄호에 들어갈 외래어는 무엇일까요?
바르게 쓰인 외래어에 ◯표해 보세요.

> 꿀tip
> 다른 나라에서 들어와 우리말처럼 쓰이는 낱말이 외래어예요.

(에니메이션 / 애니메이션) 기술이 발전하면서, 1920년대에 '미키 마우스' (캐릭터 / 케릭터)가 큰 인기를 끌었어요.

이 글의 내용을 잘 이해했는지 확인해 볼까요?
이 글의 내용이 아닌 것을 찾아 체크해 보세요.

- 애니메이션의 시작은 18세기로 거슬러 올라가요.
- 애니메이션은 기술이 발전하면서 더욱 나아졌어요.
- 애니메이션을 보며 다양한 이야기를 생생하게 즐길 수 있어요. ☐

이 글의 내용을 한 문장으로 써 볼까요?
다음 문장을 틀린 부분을 고쳐 바르게 써 보세요.

애니메이션은 교통이 발전하면서 더욱 나아졌고, 사람들은 애니메이션을 보며 다양한 이야기를 즐겼어요.

# 나라를 지킨 영웅들

**핵심어 체크** ☑ 다음 낱말을 알고 있는지 체크해 보세요.

☐ 독립　　☐ 의사(義士)　　☐ 열사(烈士)

낱말 풀이 동영상

　우리나라가 일본의 식민지였을 때, 독립운동가는 나라를 되찾기 위해 목숨을 걸고 싸웠어요. 그들의 용기와 희생 덕분에 일본의 지배에서 벗어나 오늘날 자유로운 대한민국에서 살 수 있는 거예요.

　독립운동가는 자신의 목숨보다 나라를 더 중요하게 생각한 훌륭한 분들이에요. 안중근 의사는 우리나라 국권을 빼앗는 데 앞장선 이토 히로부미를 죽여 독립의 뜻을 알렸어요. 유관순 열사는 3·1 운동에서 태극기를 들고 대한 독립 만세를 외쳤어요. 김구 선생님은 대한민국 임시 정부에서 독립운동을 이끌었어요. 윤봉길 의사는 상하이 훙커우 공원에서 일본 고위 관리들에게 폭탄을 던져 독립 의지를 알렸어요.

　진정한 영웅의 용기 덕분에 지금의 대한민국이 있다는 사실을 기억하고, 독립운동가의 헌신과 희생에 감사하는 마음을 가져야 해요.

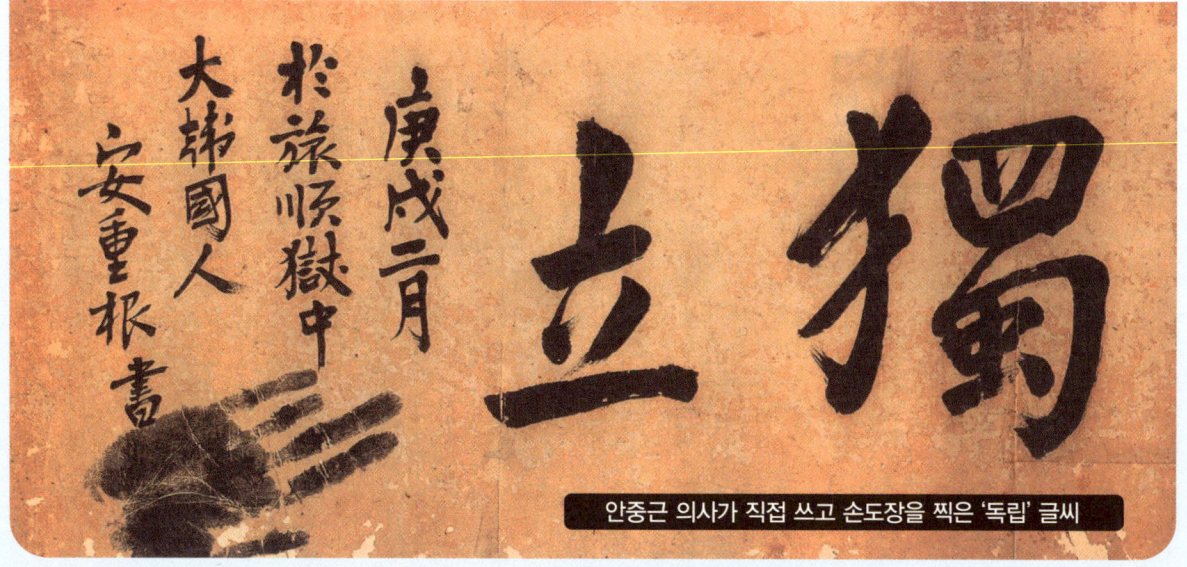

안중근 의사가 직접 쓰고 손도장을 찍은 '독립' 글씨

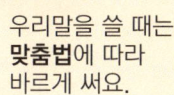
우리말을 쓸 때는 **맞춤법**에 따라 바르게 써요.

괄호에 들어갈 낱말은 무엇일까요?
맞춤법에 맞게 바르게 쓴 낱말에 ○표해 보세요.

> 독립운동가는 우리나라가 일본의 (식민지었을 / 식민지였을) 때 목숨을 걸고 싸운 (분들이예요 / 분들이에요).

이 글의 내용을 잘 이해했는지 확인해 볼까요?
이 글의 내용이 아닌 것을 찾아 체크해 보세요.

- 유관순 열사는 3·1 운동에서 대한 독립 만세를 외쳤어요. ☐
- 독립운동가는 우리나라를 되찾기 위해 목숨을 걸고 싸웠어요. ☐
- 독립운동가의 용기와 희생 없이 일본의 지배에서 벗어났어요. ☐

이 글의 내용을 한 문장으로 써 볼까요?
다음 문장을 틀린 부분을 고쳐 바르게 써 보세요.

> 나라를 되찾기 위해 목숨을 걸고 싸운 환경운동가의 헌신과 희생에 감사하는 마음을 가져야 해요.

## 1주 / 5일
속담

# 갈수록 태산

**핵심어 체크** ☑ 다음 낱말을 알고 있는지 체크해 보세요.

☐ 태산　　☐ 차근차근　　☐ 명심

낱말 풀이 동영상

줄줄줄 읽기

"휴, 국어 숙제도 다 못 했는데, 수학 숙제랑 영어 숙제까지 있어!"
"갈수록 태산이구나!"

　어떤 문제를 해결하기는커녕, 점점 더 어려워지는 경험을 해 본 적이 있나요? 바로 그런 상황을 '갈수록 태산'이라고 표현해요. 이 속담은 어려운 일이 시간이 갈수록 더 큰 어려움으로 다가오는 상황을 가리켜요. '갈수록'은 '앞으로 나아갈수록'이라는 의미고, '태산'은 '아주 높은 산'을 뜻해요. 앞으로 나아갈수록 더 높은 산이 가로막고 있다면 정말 힘들겠죠? 이처럼 '갈수록 태산'은 시간이 지날수록 점점 더 어려워지는 상황을 만났을 때 사용하는 말이에요.

　하지만 모든 것은 마음먹기에 달린 법! 상황이 점점 더 어려워질지라도, 하나씩 차근차근 해결해 나가다 보면 이겨 낼 수 있다는 걸 명심해요. 계속 노력하다 보면 '태산'이 아닌 낮은 산을 만나게 될 거예요.

숙제 끝~!

괄호에 들어갈 낱말은 무엇일까요?
문장에 호응하는 알맞은 낱말에 ○표해 보세요.

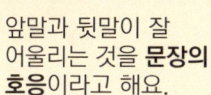
앞말과 뒷말이 잘 어울리는 것을 **문장의 호응**이라고 해요.

'갈수록 태산'은 어려운 일이 시간이 갈수록 더 큰 어려움으로 다가오는 상황을 (가르쳐요 / 가리켜요).

이 글의 내용을 잘 이해했는지 확인해 볼까요?
이 글의 내용이 아닌 것을 찾아 체크해 보세요.

- '태산'은 아주 높은 산을 뜻해요. ☐
- 어떤 문제가 해결되면 '갈수록 태산'이라고 표현해요. ☐
- '갈수록 태산'은 시간이 지날수록 더 어려워지는 상황을 말해요. ☐

이 글의 내용을 한 문장으로 써 볼까요?
다음 문장을 틀린 부분을 고쳐 바르게 써 보세요.

'티끌 모아 태산'처럼 상황이 점점 더 어려워지더라도 차근차근 해결하다 보면 이겨 낼 수 있어요.

| 1일 | 세계의 인구 폭발, 관심이 필요해요 | 사회 |

| 2일 | 고양이 눈은 밤에 왜 빛날까? | 과학 |

| 3일 | 힙합 문화, 거리에서 세계로 | 문화 |

| 4일 | 저축과 투자는 왜 중요할까요? | 경제 |

| 5일 | 죽을 고비를 넘기고 살아남다 | 사자성어 |

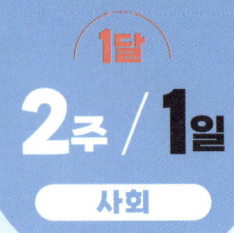

## 2주 / 1일 사회

# 세계의 인구 폭발, 관심이 필요해요

**핵심어 체크** ☑ 다음 낱말을 알고 있는지 체크해 보세요.

☐ 인구   ☐ 식량   ☐ 환경

낱말 풀이 동영상

전 세계적으로 인구가 빠르게 늘어나고 있어요. 특히 아프리카나 동남아시아 지역에서 인구가 급격히 증가하고 있어요.

인구가 많아지면 어떤 문제가 생길까요? 첫째, 식량이 모자라요. 많은 사람이 먹을 음식이 부족해져서 굶주림을 겪어요. 둘째, 환경이 파괴돼요. 공장과 자동차에서 나오는 매연, 배기가스 등 오염 물질이 늘어나요. 자원을 많이 쓸수록 환경은 더욱 파괴돼요.

이러한 문제를 해결하려면 인구가 늘어나는 상황에 관심을 가져야 해요. 식량을 더 효율적으로 생산하고, 환경을 보호하는 방법을 찾아야 해요. 나라마다 인구 문제에 관심을 갖고 해결책을 고민한다면 더 살기 좋은 지구를 만들 수 있어요.

밑줄 친 낱말과 뜻이 비슷한 낱말은 무엇일까요?
괄호에서 알맞은 유의어를 찾아 ○표해 보세요.

> 뜻이 비슷한 낱말을 **유의어**라고 해요.

인구가 많아지면 식량이 **모자라고**, 환경이 파괴돼요.
( 많아지고 / 부족하고 / 증가하고 )

이 글의 내용을 잘 이해했는지 확인해 볼까요?
이 글의 내용이 아닌 것을 찾아 체크해 보세요.

- 전 세계적으로 인구가 빠르게 늘고 있어요. ☐
- 자원을 많이 쓸수록 환경은 더욱 파괴돼요. ☐
- 아프리카, 동남아시아에서 인구가 급격히 줄고 있어요. ☐

이 글의 내용을 한 문장으로 써 볼까요?
다음 문장을 틀린 부분을 고쳐 바르게 써 보세요.

인구가 줄어들면 환경이 파괴되고 식량이 모자라므로 인구 문제에 더욱 관심을 가져야 해요.

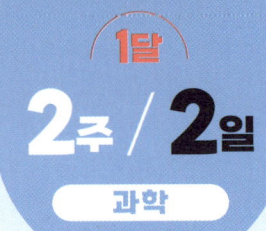

# 고양이 눈은 밤에 왜 빛날까?

◀ 핵심어 체크 ▶ ☑ 다음 낱말을 알고 있는지 체크해 보세요.

☐ 세포  ☐ 구아닌  ☐ 반사

낱말 풀이 동영상

밤에 고양이 눈이 반짝반짝 빛나는 걸 본 적 있나요? 고양이 눈은 왜 밤에 빛날까요? 비밀은 고양이 눈 안에 있어요.

고양이처럼 주로 어두운 밤에 활동하는 동물은 어둠 속에서 잘 볼 수 있도록 눈 안에 특별한 세포층이 있어요. 이 세포층에는 '구아닌'이라는 성분이 많이 들어 있어요. 구아닌은 빛을 반사해요. 빛이 들어오면 구아닌이 그 빛을 다시 튕겨 내죠. 그래서 눈이 빛나는 것처럼 보여요. 이 덕분에 고양이는 어두운 곳에서도 잘 볼 수 있어요.

고양이와 다르게 사람의 눈에는 이런 세포층이 없어요. 만약 어둠 속에서 반짝거리는 눈을 본다면 너무 놀라지 마세요. 귀신이 아니라 구아닌이 가득한 세포층을 가진 고양이일지도 모르니까요.

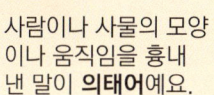
사람이나 사물의 모양이나 움직임을 흉내 낸 말이 **의태어**예요.

괄호에 들어갈 낱말은 무엇일까요?
알맞은 의태어에 ○표해 보세요.

> 밤에 고양이 눈이 (반짝반짝 / 구불구불) 빛나는 걸 본 적 있나요?

이 글의 내용을 잘 이해했는지 확인해 볼까요?
이 글의 내용이 아닌 것을 찾아 체크해 보세요.

- 구아닌은 빛을 반사해요. ☐
- 고양이는 주로 낮에 활동하는 동물이에요. ☐
- 고양이의 눈 안 세포층에는 구아닌이라는 성분이 있어요. ☐

이 글의 내용을 한 문장으로 써 볼까요?
다음 문장을 틀린 부분을 고쳐 바르게 써 보세요.

> 고양이의 눈이 낮에 반짝이는 이유는 눈 안 세포층에 있는 구아닌이 빛을 통과하기 때문이에요.

# 힙합 문화, 거리에서 세계로

**핵심어 체크** ☑ 다음 낱말을 알고 있는지 체크해 보세요.

☐ 문화  ☐ 랩  ☐ 매력

낱말 풀이 동영상

　힙합은 음악, 춤, 그리고 패션을 포함한 특별한 문화예요. 1970년대 후반 미국 뉴욕의 브롱크스라는 곳에서 처음 시작되었어요. 당시 뉴욕 거리에 사람들이 모여 춤을 추고, 랩을 하고, 벽에 그림을 그리며 자신들의 이야기를 표현했어요. 힙합은 이렇게 거리에서 시작된 문화예요.

　힙합의 중요한 요소 중 하나는 '랩'이에요. 랩은 빠르고 리듬감 있게 말하는 음악이에요. 랩을 통해 생각이나 감정을 표현해요. 다른 요소로는 '브레이크 댄스'가 있어요. 브레이크 댄스는 빠른 음악에 맞춰 몸을 움직이는 춤으로, 힙합의 에너지를 잘 보여 줘요.

　시간이 흐르면서 힙합은 전 세계로 퍼져 나갔어요. 사람들은 힙합의 자유로운 표현 방식에 매력을 느꼈어요. 힙합은 라디오, 텔레비전, 인터넷 등을 통해 널리 퍼졌고, 사람들은 힙합을 통해 자신만의 스타일을 자유롭게 표현하고 있어요.

거리에서 브레이크 댄스를 추는 사람들

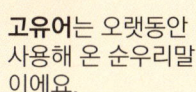

**고유어**는 오랫동안 사용해 온 순우리말이에요.

밑줄 친 낱말에서 고유어는 무엇일까요?
고유어를 찾아 번호를 써 보세요. (      )

> 브레이크 ①<u>댄스</u>는 빠른 ②<u>음악</u>에 맞춰 움직이는 ③<u>춤</u>으로, ④<u>힙합</u>의 ⑤<u>에너지</u>를 잘 보여 줘요.

이 글의 내용을 잘 이해했는지 확인해 볼까요?
이 글의 내용이 아닌 것을 찾아 체크해 보세요.

- 힙합은 뉴욕 거리에서 시작되었어요. ☐
- 힙합은 음악, 춤, 패션을 포함한 특별한 문화예요. ☐
- 브레이크 댄스는 느린 음악에 맞춰 몸을 움직이는 춤이에요. ☐

이 글의 내용을 한 문장으로 써 볼까요?
다음 문장을 틀린 부분을 고쳐 바르게 써 보세요.

> 힙합은 음악, 춤, 패션을 포함한 특별한 문화로, 런던 거리에서 시작되어 전 세계로 퍼져 나갔어요.

## 2주 / 4일 경제

## 저축과 투자는 왜 중요할까요?

**핵심어 체크** ☑ 다음 낱말을 알고 있는지 체크해 보세요.

☐ 용돈   ☐ 저금   ☐ 손해

낱말 풀이 동영상

저축은 돈을 모아 두는 걸 말해요. 용돈을 받으면 전부 쓰지 않고 일부를 저금하는 거죠. 저축은 안전하게 돈을 모으는 방법이에요. 투자는 돈을 불리는 방법이에요. 돈을 다른 일에 써서 더 많은 돈을 만지는 거예요. 예를 들어, 싼 가격에 어떤 물건을 산 다음 그 물건을 누군가에게 조금 더 비싸게 팔면, 그 차이만큼 돈을 더 벌 수 있어요. 하지만 팔리지 않으면 손해를 볼 수 있으니, 투자에는 언제나 위험이 따라와요.

저축과 투자는 왜 중요할까요? 저축으로 돈을 미리 모아 두거나, 투자를 통해 돈을 불려 놓으면 돈이 많이 필요할 때를 대비할 수 있어요.

"초등학생도 저축과 투자를 할 수 있어요?"

이런 질문을 하는 친구들이 있어요. 물론 가능해요. 먼저 용돈을 조금씩 저금하는 것부터 시작해 보세요. 그다음, 어디에 투자할지는 부모님과 함께 고민해 보세요!

밑줄 친 관용 표현은 무슨 뜻일까요?
괄호에서 알맞은 뜻을 찾아 ○표해 보세요.

> 꿀tip
> 관용 표현은 여러 단어가 어울려 새로운 뜻으로 굳어진 말이에요.

투자는 돈을 다른 일에 써서 더 많은 **돈을 만지는** 거예요.
( 돈을 만지작거리는 / 돈을 버는 / 돈을 훔치는 )

이 글의 내용을 잘 이해했는지 확인해 볼까요?
이 글의 내용이 아닌 것을 찾아 체크해 보세요.

- 투자는 돈을 불리는 걸 말해요. ☐
- 저축은 돈을 모아 두는 걸 말해요. ☐
- 저축은 손해를 볼 수 있는 위험이 따라와요. ☐

이 글의 내용을 한 문장으로 써 볼까요?
다음 문장을 틀린 부분을 고쳐 바르게 써 보세요.

저축과 손해는 돈이 많이 필요할 때를 대비할 수 있어서 중요해요.

_____

_____

# 죽을 고비를 넘기고 살아남다

**핵심어 체크** ☑ 다음 낱말을 알고 있는지 체크해 보세요.

☐ 열세　　☐ 아홉　　☐ 반격

옛날 어느 나라에 용감한 장군이 있었어요. 한번은 장군이 전투에 나가 싸우다 열세에 몰렸어요. 장군은 아홉 번이나 죽을 뻔했어요. 하지만 마지막 순간에 반격해서 결국 전투에서 이겼어요. 이처럼 죽을 고비를 겨우 넘기고 살아남는 경우를 가리켜 '구사일생'이라고 해요. 아홉 번 죽을 뻔하다 한 번 살아난다는 뜻이에요.

'구사일생'처럼 어떤 어려운 상황을 간신히 이겨 낸 적이 있나요?

"수행 평가 발표를 앞두고 자료를 집에 두고 왔다는 걸 알게 됐어요. 눈앞이 캄캄했는데, 휴대 전화에 자료가 남아 있었어요. 다행히 발표를 잘 마쳤어요."

'구사일생'은 정말 위험한 상황에서 죽을 고비를 여러 번 넘겨 간신히 살아남거나 성공하는 것을 뜻해요. 이 말처럼 어려운 순간에도 포기하지 않고 노력하면 위기를 이겨 낼 수 있다는 사실을 꼭 기억하세요!

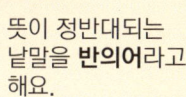

뜻이 정반대되는 낱말을 **반의어**라고 해요.

밑줄 친 낱말과 뜻이 반대되는 낱말은 무엇일까요?
괄호에서 알맞은 반의어를 찾아 ○표해 보세요.

'구사일생'은 아홉 번 <u>죽을</u> 뻔하다 한 번 살아난다는 뜻이에요.
( 잘 / 살 / 줄 )

이 글의 내용을 잘 이해했는지 확인해 볼까요?
이 글의 내용이 아닌 것을 찾아 체크해 보세요.

- '구사일생'은 죽음을 두려워하지 않는 용기를 뜻해요. ☐
- 죽을 고비를 넘기고 살아남는 경우를 '구사일생'이라고 해요. ☐
- '구사일생'은 아홉 번 죽을 뻔하다 한 번 살아난다는 뜻이에요. ☐

이 글의 내용을 한 문장으로 써 볼까요?
다음 문장을 틀린 부분을 고쳐 바르게 써 보세요.

한 번 죽을 뻔하다 아홉 번 살아난다는 '구사일생'처럼 어려운 순간에도 포기하면 안 돼요.

**1일** 디지털 시민 의식을 길러요 — 사회

**2일** 자외선 차단제는 왜 필요할까? — 과학

**3일** 자연과 사람의 마음을 담아내는 전통 악기 — 문화

**4일** 무역은 왜 할까요? — 경제

**5일** 닭 쫓던 개 지붕 쳐다본다 — 속담

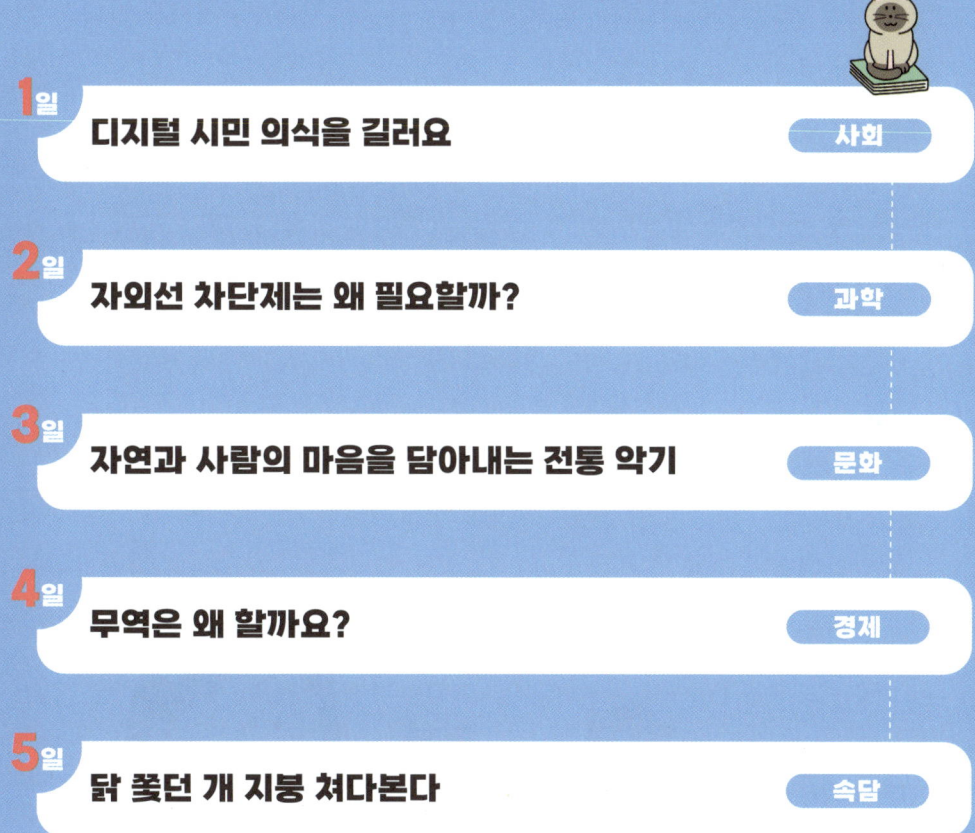

# 디지털 시민 의식을 길러요

**핵심어 체크** ☑ 다음 낱말을 알고 있는지 체크해 보세요.

☐ 인터넷　　☐ 예절　　☐ 무례

낱말 풀이 동영상

　인터넷은 우리가 소통할 수 있는 멋진 공간이에요. 하지만 인터넷에서 예절을 지키지 않는 사람을 쉽게 볼 수 있어요. 예를 들어, 남의 게시물에 상처를 주는 말을 남기거나, 허락 없이 다른 사람의 사진을 올리는 사람이 있어요. 게임을 하다가 화가 나서 상대방에게 무례한 말을 하는 사람도 있죠.

　인터넷에서 예절을 지키지 않으면 다른 사람에게 상처를 줄 수 있어요. 무례한 행동이나 말은 누군가를 슬프게 하거나, 힘들게 할 수 있으니까요. 또 허락 없이 다른 사람의 사진을 올리면 사생활을 침해할 수 있어요. 이런 일이 반복되면, 인터넷이 더 이상 안전하고 즐거운 공간이 될 수 없어요.

　인터넷에서 모두가 즐거울 수 있도록 디지털 시민 의식을 길러야 해요. 올바른 디지털 시민 의식을 가진 사람은 인터넷에서 예의 바르게 댓글을 달고, 다른 사람의 기분을 생각하며 행동해요.

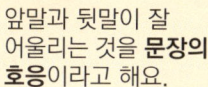
앞말과 뒷말이 잘 어울리는 것을 **문장의 호응**이라고 해요.

괄호에 들어갈 낱말은 무엇일까요?
문장에 호응하는 알맞은 낱말에 ○표해 보세요.

> 인터넷에서 예절을 지키지 않으면 다른 사람에게 상처를 줄 수 (**있어요** / **없어요**).

이 글의 내용을 잘 이해했는지 확인해 볼까요?
이 글의 내용이 아닌 것을 찾아 체크해 보세요.

- 인터넷은 우리가 소통하는 멋진 공간이에요. ☐
- 인터넷에서 예절을 지키면 다른 사람에게 상처를 줄 수 있어요. ☐
- 인터넷에서 모두가 즐거울 수 있도록 디지털 시민 의식을 길러요. ☐

이 글의 내용을 한 문장으로 써 볼까요?
다음 문장을 틀린 부분을 고쳐 바르게 써 보세요.

> 인터넷은 우리가 소통하는 멋진 공간이므로, 모두가 즐거울 수 있도록 디지털 시민 의식을 버려야 해요.

## 자외선 차단제는 왜 필요할까?

**핵심어 체크** ☑ 다음 낱말을 알고 있는지 체크해 보세요.

☐ 피부   ☐ 자외선   ☐ 보호

낱말 풀이 동영상

햇빛이 밝은 날에 밖에서 놀다 보면 피부가 뜨거워지거나 빨개지는 이유는 뭘까요? 바로 햇빛 속에 있는 자외선 때문이에요. 자외선은 눈에 보이지 않지만, 피부에 좋지 않아요. 자외선을 많이 받으면 피부가 상할 수 있고, 심하면 피부암에 걸릴 수 있어요.

자외선으로부터 피부를 보호하려면 자외선 차단제를 꼭 발라야 해요. 자외선 차단제는 피부에 얇은 막을 만들어 자외선이 피부 속으로 들어오지 못하게 막아 줘요.

자외선 차단제는 어떻게 발라야 할까요? 먼저, 밖에 나가기 30분 전에 미리 발라야 해요. 얼굴뿐만 아니라 팔, 다리, 목처럼 햇빛에 노출되는 곳에 꼼꼼히 발라야 하죠. 또 2~3시간마다 한 번씩 덧발라야 해요.

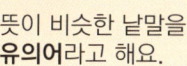
뜻이 비슷한 낱말을 **유의어**라고 해요.

밑줄 친 낱말과 뜻이 비슷한 낱말은 무엇일까요?
괄호에서 알맞은 유의어를 찾아 ○표해 보세요.

밑줄 친 <u>밖</u>에 나가기 전에 자외선 차단제를 발라야 해요.
( 바깥 / 방 / 밤 )

이 글의 내용을 잘 이해했는지 확인해 볼까요?
이 글의 내용이 아닌 것을 찾아 체크해 보세요.

- 자외선은 눈에 보이지 않지만, 피부에 좋아요. ☐
- 자외선을 많이 받으면 피부가 상할 수 있어요. ☐
- 밖에 나가기 30분 전에 자외선 차단제를 발라야 해요. ☐

이 글의 내용을 한 문장으로 써 볼까요?
다음 문장을 틀린 부분을 고쳐 바르게 써 보세요.

자외선으로부터 피부를 보호하려면 자외선 차단제를 꼭 씻어야 해요.

_____

_____

3주 2일 과학

# 자연과 사람의 마음을 담아내는 전통 악기

**핵심어 체크** ☑ 다음 낱말을 알고 있는지 체크해 보세요.

☐ 역사   ☐ 전통   ☐ 악기

낱말 풀이 동영상

우리나라에는 오랜 역사를 가진 전통 악기들이 있어요. 전통 악기는 자연에서 나는 소리를 내어, 듣는 사람을 편안하게 하고 특별한 감동을 줘요.

가장 많이 알려진 전통 악기는 가야금이에요. 가야금은 12개의 줄로 이루어진 악기로, 손가락으로 줄을 팅겨 아름다운 소리를 만들어요. 부드럽고 잔잔한 가야금 소리는 듣는 사람의 마음을 포근하게 만들어요. 장구는 북처럼 두드리는 악기예요. 한쪽은 높은 소리를, 다른 쪽은 낮은 소리를 내며 다양한 리듬을 만들어요. 장구 장단에 맞춰 춤을 추는 모습을 본 적이 있지요?

전통 악기로 만드는 우리나라의 전통 음악은 자연과 사람의 마음을 표현하는 데 뛰어나요. 전통 악기들은 소리 하나하나가 자연과 사람의 마음을 담아내어 독특하고 아름다워요.

왼쪽부터 가야금, 해금, 장구

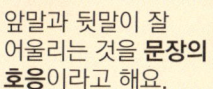

앞말과 뒷말이 잘 어울리는 것을 **문장의 호응**이라고 해요.

괄호에 들어갈 낱말은 무엇일까요?
문장에 호응하는 알맞은 낱말에 ○표해 보세요.

> 가야금은 손가락으로 줄을 (**튕겨** / 두드려) 소리 내는 악기이고, 장구는 북처럼 (튕기는 / **두드리는**) 악기예요.

이 글의 내용을 잘 이해했는지 확인해 볼까요?
이 글의 내용이 아닌 것을 찾아 체크해 보세요.

- 가야금과 장구는 우리나라의 전통 악기예요. ☐
- 가야금은 한쪽은 높은 소리를, 다른 쪽은 낮은 소리를 내요. ☐
- 우리나라의 전통 악기는 소리 하나하나에 자연과 사람의 마음을 담아냈어요. ☐

이 글의 내용을 한 문장으로 써 볼까요?
다음 문장을 틀린 부분을 고쳐 바르게 써 보세요.

> 우리나라의 전통 악기는 모양 하나하나에 자연과 사람의 마음을 담아내어 독특하고 아름다워요.

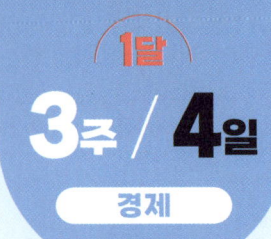

## 무역은 왜 할까요?

**핵심어 체크** ☑ 다음 낱말을 알고 있는지 체크해 보세요.

☐ 수입   ☐ 음식물   ☐ 농작물

낱말 풀이 동영상

우리가 집에서 먹는 음식이나 사용하는 물건 중에서 다른 나라에서 온 것들은 무엇이 있을까요?

"제가 좋아하는 바나나요!"

맞아요. 바나나는 무역을 통해 다른 나라에서 수입해 온 음식물이에요. 무역이란 나라와 나라가 서로 물건을 사고파는 것을 말해요. 우리나라에 필요한 물건은 다른 나라에서 사 오고, 우리나라에서 잘 만든 물건은 다른 나라에 파는 것이죠.

"무역이 왜 필요해요?"

모든 나라가 똑같은 물건을 만들거나, 똑같은 농작물을 키울 수는 없어요. 어떤 나라는 커피를 잘 키우고, 다른 나라는 자동차를 잘 만들어요. 그래서 각자 잘 만드는 물건을 다른 나라와 교환하며 필요한 것을 채우지요. 나라 간에 필요한 물건을 서로 사고파는 무역을 통해 각자 이익을 얻을 수 있어요.

**문법 한 문장**
띄어쓰기가 잘못된 부분은 어디일까요?
띄어 써야 할 부분을 찾아 V 기호를 표시해 보세요.

> 꿀tip
> 우리말 규칙에 따라 앞말과 알맞게 띄어 써요.

나라간에ⱽ필요한ⱽ물건을ⱽ서로ⱽ사고파는ⱽ무역을ⱽ통해ⱽ이익을ⱽ얻을수있어요.

**독해 한 문장**
이 글의 내용을 잘 이해했는지 확인해 볼까요?
이 글의 내용이 아닌 것을 찾아 체크해 보세요.

- 모든 나라가 똑같은 농작물을 키울 수 있어요. ☐
- 나라 간에 필요한 물건을 사고팔며 각자 이익을 얻어요. ☐
- 무역은 나라와 나라가 서로 물건을 사고파는 것을 말해요. ☐

**쓰기 한 문장**
이 글의 내용을 한 문장으로 써 볼까요?
다음 문장을 틀린 부분을 고쳐 바르게 써 보세요.

수입은 나라와 나라가 서로 물건을 사고파는 것으로, 서로 필요한 것을 채우며 이익을 얻을 수 있어요.

# 닭 쫓던 개 지붕 쳐다본다

**핵심어 체크** ☑ 다음 낱말을 알고 있는지 체크해 보세요.

☐ 상상   ☐ 멍하니   ☐ 캐스팅

애를 썼지만, 결과가 좋지 않아서 속상했던 적이 있나요? 이럴 때 사람들은 '닭 쫓던 개 지붕 쳐다본다'라는 말을 많이 해요. 열심히 노력했지만, 결국 성공하지 못해 아쉬운 상황에서 사용하는 속담이죠.

한번 상상해 볼까요? 개가 닭을 쫓고 있었는데, 닭이 지붕 위로 훌쩍 뛰어 올라가 버렸어요. 개는 더 이상 닭을 잡을 수 없게 되었죠. 지붕 위에 있는 닭만 멍하니 바라보고 있어요. 개가 어떤 마음일지 공감하나요? 연극 발표회에서 주인공 역할을 하고 싶어서 열심히 연습했는데, 캐스팅이 되지 않았다고 생각해 보세요. 무척 아쉽겠죠.

이 속담은 기회를 잡는 것이 중요하지만, 모든 일이 계획대로 되지 않을 때도 있다는 사실을 알려 줘요. 그러니 어떤 기회를 놓쳤더라도 너무 아쉬워만 하진 마세요. 마음을 잘 다스린다면 다음 기회가 다시 찾아올 테니까요.

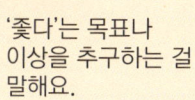
'좇다'는 목표나 이상을 추구하는 걸 말해요.

괄호에 들어갈 낱말은 무엇일까요?
알맞은 낱말에 ○표해 보세요.

> 개가 닭을 (쫓고 / 좇고) 있었는데, 닭이 지붕 위로 훌쩍 올라가 버렸어요.

이 글의 내용을 잘 이해했는지 확인해 볼까요?
이 글의 내용이 아닌 것을 찾아 체크해 보세요.

- '닭 쫓던 개 지붕 쳐다본다'라는 속담은 성공하지 못해 아쉬운 상황에서 사용해요. ☐
- '닭 쫓던 개 지붕 쳐다본다'라는 속담은 계획대로 되지 않을 때도 있음을 알려 줘요. ☐
- '닭 쫓던 개 지붕 쳐다본다'라는 속담은 서로 아무 생각 없이 보는 모습을 이르는 말이에요. ☐

이 글의 내용을 한 문장으로 써 볼까요?
다음 문장을 틀린 부분을 고쳐 바르게 써 보세요.

> '개 닭 보듯'이라는 말은 열심히 노력했지만, 성공하지 못해 아쉬운 상황에서 사용해요.

| 1일 | 공정 무역이 세상을 바꿀 수 있을까요? | 사회 |
| 2일 | 지구 자원이 사라지고 있어요 | 환경 |
| 3일 | 뮤지컬과 연극은 어떻게 다를까? | 문화 |
| 4일 | 고려청자, 푸른빛의 아름다움 | 역사 |
| 5일 | 누워서 떡 먹기 | 속담 |

# 공정 무역이 세상을 바꿀 수 있을까요?

**핵심어 체크** ☑ 다음 낱말을 알고 있는지 체크해 보세요.

☐ 공정  ☐ 무역  ☐ 생산자

　'공정 무역 초콜릿'을 먹어 봤나요? 우리가 먹는 달콤한 초콜릿은 사실 먼 나라 농부들이 재배한 카카오로 만들어요. 그런데 어떤 농부들은 열심히 일했는데도 일한 대가를 공정하게 못 받아요.

　"돈을 겨우 요만큼만 주다니, 공정하지 못해요."

　농부가 공정한 값을 받지 못하면 가족을 돌보기 어렵고, 아이들을 학교에 보내기 힘들어요. 이런 문제를 해결하기 위해 '공정 무역'이 생겼어요. 공정 무역은 생산자에게 공정한 값을 주고 물건을 사는 걸 말해요. '공정 무역 초콜릿'은 카카오를 키운 농부들에게 공정한 값을 내고 사 온 카카오로 만들어요.

　우리가 공정 무역 초콜릿을 사면 농부들은 더 좋은 환경에서 일할 수 있어요. 공정 무역은 일하는 사람들이 더 나은 삶을 살도록 이끌어요. 공정 무역 제품을 선택하는 행동은 세상을 조금씩 더 나은 방향으로 바꿀 수 있어요.

공정 무역 초콜릿과 공정 무역 마크

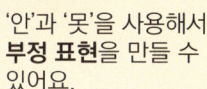

'안'과 '못'을 사용해서 **부정 표현**을 만들 수 있어요.

괄호에 들어갈 낱말은 무엇일까요?
알맞은 부정 표현에 ○표해 보세요.

> 어떤 농부들은 열심히 일했는데도 일한 대가를 공정하게 ( 안 / 못 ) 받아요.

이 글의 내용을 잘 이해했는지 확인해 볼까요?
이 글의 내용이 아닌 것을 찾아 체크해 보세요.

- 공정 무역은 세상을 더 나은 방향으로 바꿀 수 있어요. ☐
- 공정 무역은 일하는 사람들이 더 나은 삶을 살도록 이끌어요. ☐
- 공정 무역은 생산자에게 부당한 값을 주고 물건을 사는 걸 말해요. ☐

이 글의 내용을 한 문장으로 써 볼까요?
다음 문장을 틀린 부분을 고쳐 바르게 써 보세요.

> 공정 무역은 일하는 사람들이 덜 나은 삶을 살도록 이끌고, 세상을 덜 나은 방향으로 바꿀 수 있어요.

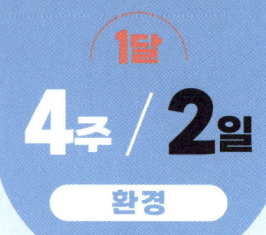

**환경**

# 지구 자원이 사라지고 있어요

**핵심어 체크** ☑ 다음 낱말을 알고 있는지 체크해 보세요.

☐ 자원　　☐ 재활용　　☐ 실천

낱말 풀이 동영상

　지구에는 물, 나무, 석유 같은 소중한 자원이 있어요. 이 자원은 우리가 생활하는 데 꼭 필요하지만, 너무 많이 사용하면 언젠가는 없어질 수 있어요. 자원이 사라지면 물이나 전기를 쓰기 어려워서 많이 불편해요.

　자원을 아끼려면 무엇을 해야 할까요? 첫째, 물을 아껴 써요. 이를 닦을 때는 물을 틀어 놓지 않고 컵에 받아서 사용해요. 샤워 시간을 줄이면 물을 아낄 수 있어요. 둘째, 전기를 아껴 써요. 방에서 나갈 때는 꼭 불을 끄고, 텔레비전이나 컴퓨터를 사용하지 않을 때는 꺼 두는 습관을 길러요. 셋째, 쓰레기를 줄이려고 노력해요. 필요한 물건만 사고, 다시 쓸 수 있는 물건은 재활용해요.

　우리의 작은 실천이 지구에서 자원이 없어지는 것을 막을 수 있어요. 물과 전기를 아껴 쓰고, 쓰레기를 줄여서 더 나은 지구를 만들 수 있어요.

괄호에 들어갈 외래어는 무엇일까요?
바르게 쓰인 외래어에 ○표해 보세요.

> 꿀tip
> 다른 나라에서 들어와 우리말처럼 쓰이는 낱말이 **외래어**예요.

(텔레비젼 / 텔레비전)이나 (컴퓨터 / 콤퓨터)를 사용하지 않을 때는 꺼 두는 습관을 길러요.

이 글의 내용을 잘 이해했는지 확인해 볼까요?
이 글의 내용이 아닌 것을 찾아 체크해 보세요.

- 쓰레기를 줄이면 자원을 아낄 수 있어요. ☐
- 지구에는 물, 나무, 석유 같은 소중한 자원이 있어요. ☐
- 지구의 자원이 없어지는 것을 막으려면 자원을 쓰지 말아야 해요. ☐

이 글의 내용을 한 문장으로 써 볼까요?
다음 문장을 틀린 부분을 고쳐 바르게 써 보세요.

지구의 자원이 없어지는 것을 막으려면 물과 전기를 아껴 쓰고, 쓰레기를 태우려고 노력해요.

# 뮤지컬과 연극은 어떻게 다를까?

**핵심어 체크** ☑ 다음 낱말을 알고 있는지 체크해 보세요.

☐ 공연  ☐ 대사  ☐ 방식

낱말 풀이 동영상

　뮤지컬은 배우가 노래와 춤으로 이야기를 전달하는 공연이에요. 배우가 무대 위에서 노래를 부르고, 음악에 맞춰 춤을 추면서 이야기를 진행해요. 관객은 배우의 노래와 춤을 즐기며 이야기에 빠져들어요. 그래서 뮤지컬은 음악이 매우 중요한 역할을 해요. 뮤지컬은 음악과 함께 화려한 무대 효과를 많이 사용해요.

　반면에 연극은 배우가 대사와 연기로 이야기를 전달해요. 노래나 춤은 거의 없고, 배우의 표정과 대사가 이야기를 이끌어요. 연극은 뮤지컬에 비해 무대가 비교적 단순하고 배우의 대사와 연기에 더 집중해요. 또한 연극에서는 이야기를 진지하게 풀어 나가는 경우가 많아요.

　뮤지컬과 연극은 각각 다른 방식으로 관객에게 이야기를 전달하는 공연이에요. 둘 다 재미있지만, 방식이 서로 다르죠. 여러분은 둘 중 어떤 공연이 더 끌리나요?

뮤지컬 〈캣츠〉

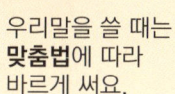

꿀tip

우리말을 쓸 때는 **맞춤법**에 따라 바르게 써요.

괄호에 들어갈 낱말은 무엇일까요?
**맞춤법**에 맞게 바르게 쓴 낱말에 ○표해 보세요.

> 뮤지컬은 음악이 매우 중요한 (역활 / **역할**)을 하지만, 연극은 노래나 춤이 (거이 / **거의**) 나오지 않아요.

이 글의 내용을 잘 이해했는지 확인해 볼까요?
이 글의 내용이 **아닌 것**을 찾아 체크해 보세요.

- 연극은 배우가 대사와 연기로 이야기를 전달해요. ☐
- 뮤지컬은 배우가 노래와 춤으로 이야기를 전달해요. ☐
- 뮤지컬과 연극은 각각 같은 방식으로 관객에게 이야기를 전달해요. ☐

이 글의 내용을 한 문장으로 써 볼까요?
다음 문장을 **틀린 부분**을 고쳐 바르게 써 보세요.

> 연극은 노래와 춤으로 이야기를 전달하고, 뮤지컬은 대사와 연기로 이야기를 전달하는 공연이에요.

# 고려청자, 푸른빛의 아름다움

**핵심어 체크** ☑ 다음 낱말을 알고 있는지 체크해 보세요.

☐ 잿물  ☐ 우수성  ☐ 유물

　고려청자는 고려 시대에 만들어진 도자기예요. 도자기는 흙으로 빚은 그릇에 잿물을 발라 구운 것을 말해요. 청자는 푸른빛의 도자기를 이르는 말이에요.

　이름 그대로 고려청자는 맑고 고운 푸른빛으로 유명해요. 이 푸른빛은 잿물 속에 있는 성분이 흙과 반응하여 만들어져요. 고려청자는 모양도 매우 섬세하고 아름다워요. 상감 기법으로 새긴 무늬와 조각은 보는 사람들에게 큰 감동을 줘요. 상감 기법은 도자기를 만들 때 원하는 무늬를 파낸 다음 다른 색깔의 흙을 메워 굽는 방법이에요.

　고려청자는 고려 시대의 문화적 우수성을 보여 주는 중요한 유물이에요. 단순한 그릇이 아닌 창의력과 정교한 기술이 결합한 고려의 미적 감각과 기술력을 엿볼 수 있는 예술 작품이에요. 고려청자는 고려 문화의 자랑이자 우리나라의 소중한 문화유산이에요.

청자 상감 모란 국화무늬 참외모양 병

청자 투각 칠보무늬 향로

청자 상감 물가 풍경무늬 정병

 밑줄 친 낱말에서 한자어는 무엇일까요?
한자어를 찾아 번호를 써 보세요. (　　)

> **꿀tip**
> **한자어**는 한자를 바탕으로 만들어진 말이에요.

> ①도자기는 ②흙으로 빚은 ③그릇에 ④잿물을 발라 구운 것을 ⑤말해요.

 이 글의 내용을 잘 이해했는지 확인해 볼까요?
이 글의 내용이 아닌 것을 찾아 체크해 보세요.

> • 고려청자는 맑고 고운 푸른빛으로 유명해요. ☐
> • 고려청자는 모양이 매우 섬세하고 아름다워요. ☐
> • 고려청자는 조선 시대의 문화적 우수성을 보여 주는 유물이에요. ☐

 이 글의 내용을 한 문장으로 써 볼까요?
다음 문장을 틀린 부분을 고쳐 바르게 써 보세요.

> 맑고 고운 붉은빛과 섬세하고 아름다운 모양으로 유명한 고려청자는 우리나라의 소중한 문화유산이에요.

# 누워서 떡 먹기

**핵심어 체크** ☑ 다음 낱말을 알고 있는지 체크해 보세요.

☐ 별로   ☐ 금방   ☐ 종종

어떤 일이 너무 쉬워서 별로 힘들이지 않고 해낼 때가 있었나요?

"수학 단원 평가를 보는데, 문제가 너무 쉬워서 금방 풀었어요."

"반에서 청소하는데 너무 깨끗해서 1분도 안 되어 청소를 끝냈어요."

이런 상황에 잘 어울리는 속담이 있어요. '누워서 떡 먹기'라는 속담이에요. 맛있는 떡이 잘 차려져 있어서 먹기만 한다면 얼마나 쉽겠어요. 게다가 누워서 먹으니 더욱 편하겠죠? 이 속담은 누워서 떡을 먹는 것처럼 아무런 힘을 들이지 않고 아주 쉽게 할 수 있는 일을 가리킬 때 쓰는 표현이에요.

이 속담은 어렵지 않게 무언가를 할 때, 그 상황을 재미있고 쉽게 표현하는 말이에요. 우리 주변에서 이 속담에 어울리는 일을 종종 만날 수 있어요. 다음에 무언가 쉽게 해냈을 때, 이 속담을 사용해 보는 건 어떨까요?

 괄호에 들어갈 낱말은 무엇일까요?
알맞게 활용한 낱말에 ○표해 보세요.

> 꿀tip
> 문장에서 낱말이 다양한 모습으로 변하는 것을 활용이라고 해요.

'누워서 떡 먹기'라는 말은 어떤 일이 너무 (쉽게 / 쉬워서) 힘들이지 않고 (쉽게 / 쉬워서) 해냈을 때 사용해요.

 이 글의 내용을 잘 이해했는지 확인해 볼까요?
이 글의 내용이 아닌 것을 찾아 체크해 보세요.

- 누워서 떡을 먹으려면 무척 힘이 들어요.
- '누워서 떡 먹기'는 어렵지 않게 무언가를 할 때 써요.
- 아주 쉽게 할 수 있는 일을 가리켜 '누워서 떡 먹기'라고 해요.

 이 글의 내용을 한 문장으로 써 볼까요?
다음 문장을 틀린 부분을 고쳐 바르게 써 보세요.

'누워서 침 뱉기'는 어떤 일이 너무 쉬워서 힘들이지 않고 쉽게 해냈을 때 사용하는 말이에요.

# 2달 1주

| 1일 | 미래의 교실, 달라진 수업 | 사회 |
| 2일 | 우리를 위협하는 대기 오염 | 환경 |
| 3일 | 디지털 아트, 예술과 기술의 만남 | 예술 |
| 4일 | 세계 4대 문명의 특징과 공통점 | 역사 |
| 5일 | 콩 심은 데 콩 나고 팥 심은 데 팥 난다 | 속담 |

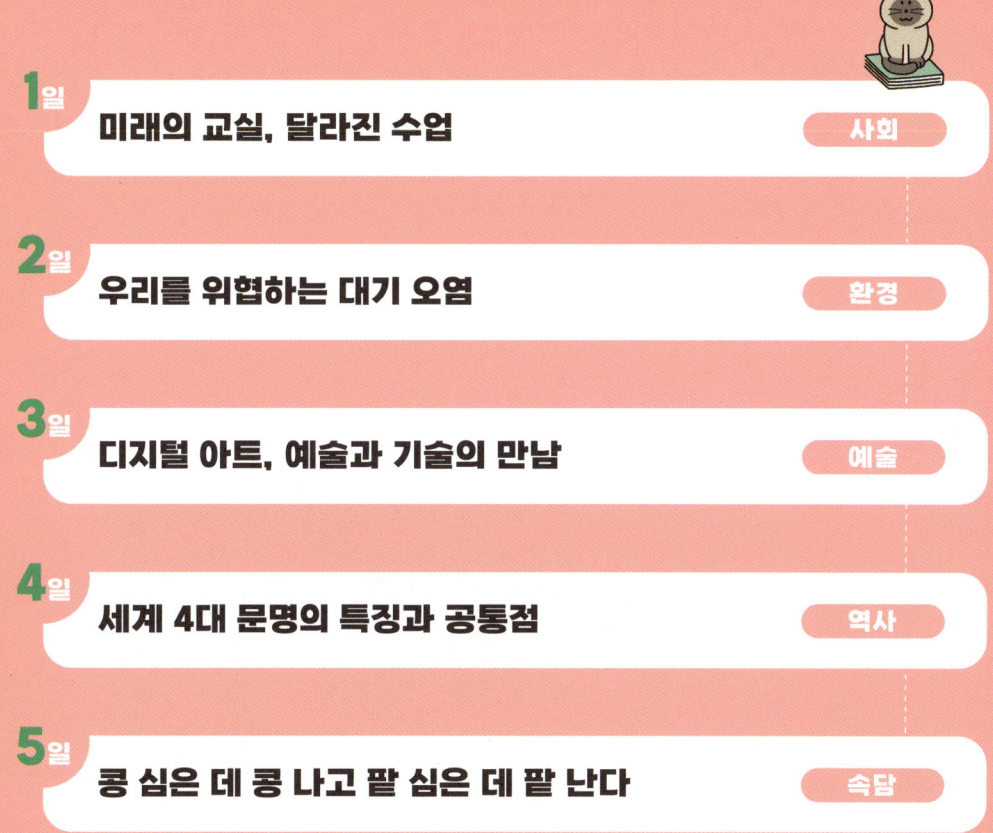

# 미래의 교실, 달라진 수업

**핵심어 체크** ☑ 다음 낱말을 알고 있는지 체크해 보세요.

☐ 미래  ☐ 대형(大型)  ☐ 화면

낱말 풀이 동영상

미래에는 교실이 어떻게 바뀔까요? 수십 년 동안 사용했던 칠판이 사라지고, 벽 전체가 커다란 스크린으로 바뀌어요. 선생님께서 손을 움직이면 대형 스크린 속에 신비로운 우주가 펼쳐져요. 4D 영화관처럼 책상이 움직여서 마치 우주선을 타고 있는 것 같아요. 입체 안경을 쓰면 눈앞에 별들이 떠다니고, 마치 우주 속을 여행하는 기분이 들어요. 어떤 수업에서는 교실을 벗어나 바다나 깊은 숲속으로 떠나기도 해요. 마치 모험을 떠나는 것처럼요.

미래 교실에서는 종이로 된 교과서를 펼치지 않아도 돼요. 언제든지 필요한 정보를 바로 검색해서 눈앞에 불러올 수 있기 때문이죠. 책을 넘기지 않아도, 손을 살짝 흔들면 글자가 화면 속에 나타나 공부할 내용을 보여 줘요.

**문법 한 문장** 밑줄 친 낱말은 두 낱말이 합쳐진 합성어예요.
어떤 두 낱말이 합쳐졌는지 괄호에 써 보세요.

> 꿀tip
> 뜻이 있는 두 낱말이 합쳐져 이루어진 낱말을 **합성어**라고 해요.

교실을 벗어나 바다나 깊은 **숲속**으로 떠나기도 해요.

숲속 ➡ 숲 + (　　　　)

**독해 한 문장** 이 글의 내용을 잘 이해했는지 확인해 볼까요?
이 글의 내용이 아닌 것을 찾아 체크해 보세요.

- 미래 교실에서는 필요한 정보를 책에서 찾아요. ☐
- 미래 교실에서는 종이로 된 교과서를 쓰지 않아요. ☐
- 미래 교실에서는 칠판이 사라지고 스크린을 사용해요. ☐

**쓰기 한 문장** 이 글의 내용을 한 문장으로 써 볼까요?
다음 문장을 틀린 부분을 고쳐 바르게 써 보세요.

과거 교실에서는 칠판이 사라지고 종이로 된 교과서를 쓰지 않아요.

# 우리를 위협하는 대기 오염

**핵심어 체크** ☑ 다음 낱말을 알고 있는지 체크해 보세요.

☐ 대기 오염   ☐ 기후   ☐ 대중교통

아침에 학교에 가려고 밖에 나갔는데, 하늘이 뿌옇게 보일 때가 있죠? 대기 오염이 심한 날, 미세 먼지 경보가 울리기도 해요. 대기 오염은 자동차나 공장에서 나오는 연기나 먼지가 공기 속에 섞이면서 발생해요.

대기 오염은 여러 문제를 일으켜요. 우리가 숨 쉬는 공기 속에 나쁜 물질이 많아지면 목이 아프거나 기침이 나와요. 심할 때는 천식이나 호흡기 질환이 생길 수도 있어요. 대기 오염은 우리 몸뿐만 아니라 지구 환경에도 좋지 않아요. 오염된 공기가 지구를 덮으면, 기후가 변하고 지구 온난화가 심해질 수 있어요.

작은 실천이 대기 오염을 막을 수 있어요. 예를 들어, 가까운 곳에 갈 때는 자동차 대신 자전거를 타거나 대중교통을 이용하면 좋아요. 우리가 함께 노력한다면 심각한 대기 오염을 막을 수 있어요.

밑줄 친 낱말에서 한자어가 아닌 것은 무엇일까요?
한자어가 **아닌** 낱말을 찾아 번호를 써 보세요. (　　)

> ①<u>대기</u> ②<u>오염</u>은 자동차에서 나오는 ③<u>연기</u>나 ④<u>먼지</u>가 ⑤<u>공기</u> 속에 섞이면서 발생해요.

**꿀tip**
**한자어**는 한자를 바탕으로 만들어진 말이에요.

이 글의 내용을 잘 이해했는지 확인해 볼까요?
이 글의 내용이 **아닌 것**을 찾아 체크해 보세요.

- 대중교통을 이용하면 대기 오염이 심해져요. ☐
- 대기 오염이 심하면 목이 아프거나 기침이 나와요. ☐
- 대기 오염은 우리 몸뿐만 아니라 지구 환경에도 좋지 않아요. ☐

이 글의 내용을 한 문장으로 써 볼까요?
다음 문장을 **틀린 부분**을 고쳐 바르게 써 보세요.

> 우리 몸뿐만 아니라 지구 환경에도 좋은 대기 오염을 막기 위해 함께 노력해요.

# 디지털 아트, 예술과 기술의 만남

**핵심어 체크**  다음 낱말을 알고 있는지 체크해 보세요.

☐ 디지털 아트   ☐ 작품   ☐ 가상 현실

디지털 아트는 예술과 기술이 어우러진 새로운 형태의 예술이에요. 전통적인 그림은 종이와 물감을 사용하지만, 디지털 아트는 화면 위에 전자 펜으로 그림을 그리거나, 컴퓨터 프로그램을 사용해요. 그림뿐만 아니라 영상이나 애니메이션, 가상 현실(VR) 같은 기술을 활용해요. 디지털 아트는 다양한 도구와 기술을 사용해서 매우 다양한 방식으로 작품을 만들어요.

디지털 아트 덕분에 예술가들은 새로운 방식으로 자신들의 생각을 표현할 수 있어요. 예술 그룹 팀랩(TeamLab)은 거대한 전시관에 디지털 기술을 사용해서 '팀랩 보더리스'라는 작품을 만들었어요. 아름다운 빛과 그림을 벽에 비춰서, 마치 빛의 숲에 들어온 것 같은 느낌을 줘요. 이 작품은 디지털 기술과 예술이 만나서 새로운 경험을 할 수 있는 좋은 본보기예요.

디지털 아트 '팀랩 보더리스'

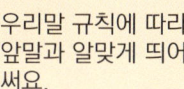
우리말 규칙에 따라 앞말과 알맞게 띄어 써요.

띄어쓰기가 잘못된 부분은 어디일까요?
띄어 써야 할 부분을 찾아 V기호를 표시해 보세요.

디지털ⱽ아트덕분에ⱽ예술가들은ⱽ새로운ⱽ방식으로ⱽ자신들의ⱽ생각을ⱽ표현할수ⱽ있어요.

이 글의 내용을 잘 이해했는지 확인해 볼까요?
이 글의 내용이 아닌 것을 찾아 체크해 보세요.

- 디지털 아트는 예술과 기술이 어우러진 예술이에요. ☐
- 디지털 아트는 매우 다양한 방식으로 작품을 만들 수 있어요. ☐
- 전통적인 그림은 영상, 애니메이션, 가상 현실 기술을 활용해요. ☐

이 글의 내용을 한 문장으로 써 볼까요?
다음 문장을 틀린 부분을 고쳐 바르게 써 보세요.

전통적인 그림은 예술과 기술이 어우러진 새로운 형태의 예술로 매우 다양한 방식으로 작품을 만들 수 있어요.

# 세계 4대 문명의 특징과 공통점

**핵심어 체크** ☑ 다음 낱말을 알고 있는지 체크해 보세요.

☐ 문명   ☐ 농사   ☐ 문자

낱말 풀이 동영상

　세계 4대 문명은 아주 오래전부터 사람들이 모여 살면서 문명을 이루었던 중요한 네 곳을 말해요. 메소포타미아 문명은 지금의 이라크 지역에서 시작된 문명으로, 티그리스강과 유프라테스강 주변에 사람들이 모여 살았어요. 이집트 문명은 이집트의 나일강 주변에서 발전한 문명이에요. 피라미드로 유명한 곳을 알고 있죠?

　인더스 문명은 지금의 인도와 파키스탄 지역에 만들어진 문명으로, 인더스강을 중심으로 발전했어요. 황허 문명은 중국의 황허강 주변에서 시작된 문명이에요.

　이 네 문명은 서로 다른 지역에서 시작되었지만, 공통점이 있어요. 첫째, 모두 큰 강을 중심으로 발달했어요. 강 주변은 물이 풍부하고 농사가 잘돼 사람들이 모여 살기 알맞았어요. 둘째, 문자를 사용해 기록을 남겼어요. 셋째, 도시를 만들어 사회를 조직적으로 운영했어요.

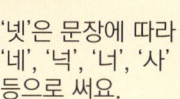

'넷'은 문장에 따라 '네', '넉', '너', '사' 등으로 써요.

괄호에 들어갈 낱말은 무엇일까요?
문장과 어울리는 낱말에 ○표해 보세요.

> 세계 4대 문명은 아주 오래전부터 사람들이 모여 살면서 문명을 이루었던 중요한 ( 네 / 넉 / 너 ) 곳을 말해요.

이 글의 내용을 잘 이해했는지 확인해 볼까요?
이 글의 내용이 아닌 것을 찾아 체크해 보세요.

- 이집트 문명은 이집트강 주변에서 발전했어요. ☐
- 메소포타미아 문명은 세계 4대 문명 중 하나예요. ☐
- 세계 4대 문명은 서로 다른 지역에서 시작됐어요. ☐

이 글의 내용을 한 문장으로 써 볼까요?
다음 문장을 틀린 부분을 고쳐 바르게 써 보세요.

> 세계 4대 문명은 서로 같은 지역에서 시작되었지만, 사람들이 모여 살면서 문명을 이루었던 중요한 곳이에요.

## 콩 심은 데 콩 나고 팥 심은 데 팥 난다

**2달 1주 / 5일** 속담

**핵심어 체크** 다음 낱말을 알고 있는지 체크해 보세요.

☐ 저절로  ☐ 원인  ☐ 본바탕

낱말 풀이 동영상

**줄줄줄 읽기**

　아무 노력도 하지 않았는데, 저절로 좋은 결과를 얻긴 어려워요. 모든 일은 원인에 따라 결과를 얻기 마련이에요. '콩 심은 데 콩 나고 팥 심은 데 팥 난다'라는 말이 있어요. 이 말은 일의 원인에 따라 결과가 걸맞게 나타난다는 뜻이에요. 밭에 콩을 심었는데 팥이 자랄 수 없고, 밭에 팥을 심었는데 콩이 자랄 수 없겠죠? 이렇듯 모든 일의 결과는 본바탕에 달려 있어요.

　만약 공부를 잘하고 싶고, 시험을 잘 보고 싶다면 어떻게 해야 할까요?

　"놀고 싶어도 참고, 유튜브 보고 싶어도 참으며 공부해야 해요."

　그렇죠. 책상에 앉아 제발 공부를 잘하게 해 달라며 소원을 빌어 봤자 소용없어요. 노력과 시간을 들여 공부한다면 좋은 성적을 얻을 수 있을 거예요. '콩 심은 데 콩 나고 팥 심은 데 팥 난다'라는 말은 어떤 일이든 원인에 따라 결과가 달라질 수 있음을 알려 주는 말이에요.

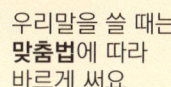

우리말을 쓸 때는 **맞춤법**에 따라 바르게 써요.

괄호에 들어갈 낱말은 무엇일까요?
**맞춤법**에 맞게 바르게 쓴 낱말에 ○표해 보세요.

'콩 심은 데 콩 나고 팥 심은 데 팥 난다'라는 말처럼 어떤 (일이든 / 일이던) 원인에 따라 결과가 달라질 수 있어요.

이 글의 내용을 잘 이해했는지 확인해 볼까요?
이 글의 내용이 **아닌 것**을 찾아 체크해 보세요.

- 모든 일의 결과는 본바탕에 달려 있어요.
- 밭에 콩을 심었는데 팥이 자랄 수 있어요.
- 일의 원인에 따라 결과가 걸맞게 나타나요.

이 글의 내용을 한 문장으로 써 볼까요?
다음 문장을 **틀린 부분**을 고쳐 바르게 써 보세요.

'콩 심은 데 팥 나고 팥 심은 데 콩 난다'라는 말은 일의 원인에 따라 결과가 걸맞게 나타난다는 뜻이에요.

2달

2주

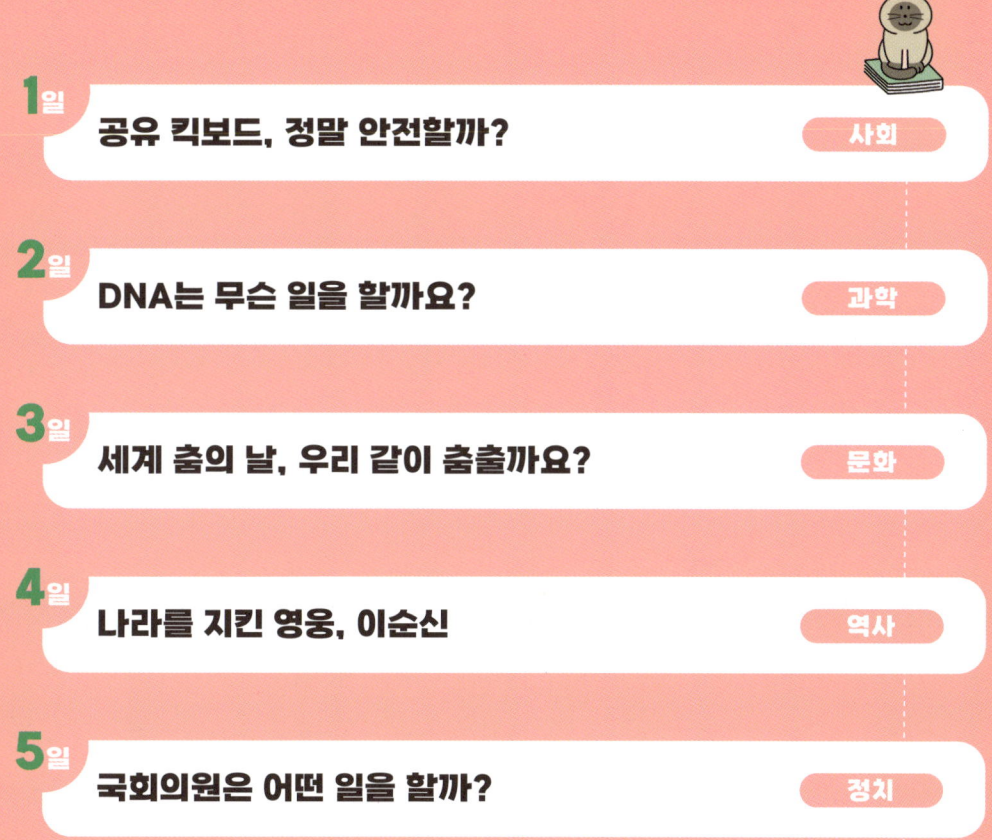

| 1일 | 공유 킥보드, 정말 안전할까? | 사회 |
| 2일 | DNA는 무슨 일을 할까요? | 과학 |
| 3일 | 세계 춤의 날, 우리 같이 출출까요? | 문화 |
| 4일 | 나라를 지킨 영웅, 이순신 | 역사 |
| 5일 | 국회의원은 어떤 일을 할까? | 정치 |

**2달 2주 / 1일** 사회

# 공유 킥보드, 정말 안전할까?

**〈 핵심어 체크 〉** ☑ 다음 낱말을 알고 있는지 체크해 보세요.

☐ 공유   ☐ 전동(電動)   ☐ 면허

낱말 풀이 동영상

줄줄줄 읽기

요즘 거리에서 공유 킥보드를 타는 사람들을 자주 볼 수 있어요. 공유 킥보드는 스마트폰만 있으면 쉽게 빌려 탈 수 있는 전동 장치예요.

"그럼, 초등학생도 공유 킥보드를 탈 수 있나요?"

아니요, 초등학생은 공유 킥보드를 타면 안 돼요. 도로 교통법에 따르면, 전동 킥보드와 같은 전동 장치를 타려면 '원동기 장치 자전거 면허'가 필요해요. 그런데 초등학생은 이 면허를 딸 수 없어요. 그러니까 공유 킥보드를 탈 수 없겠죠.

또한 공유 킥보드는 초등학생이 타기에 매우 위험해요. 공유 킥보드를 타고 빠르게 달리다가 균형을 잃으면 크게 다칠 수 있고, 자동차나 자전거와 부딪힐 위험도 있어요. 아무리 공유 킥보드가 재미있어 보여도, 초등학생은 타지 않아야 해요. 우리 모두의 안전을 위해서, 도로 교통 규칙을 잘 지켜야 해요.

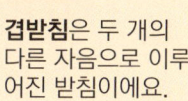

**꿀tip**
겹받침은 두 개의 다른 자음으로 이루어진 받침이에요.

밑줄 친 낱말에서 겹받침이 쓰인 것은 무엇일까요?
겹받침이 쓰인 낱말을 찾아 번호를 써 보세요. (　　)

> ①<u>공유</u> ②<u>킥보드</u>를 타고 빠르게 ③<u>달리다가</u> ④<u>균형</u>을 ⑤<u>잃으면</u> 크게 다칠 수 있어요.

이 글의 내용을 잘 이해했는지 확인해 볼까요?
이 글의 내용이 아닌 것을 찾아 체크해 보세요.

- 초등학생은 공유 킥보드를 탈 수 있어요. ☐
- 공유 킥보드는 초등학생이 타기에 위험해요. ☐
- 초등학생은 원동기 장치 자전거 면허를 딸 수 없어요. ☐

이 글의 내용을 한 문장으로 써 볼까요?
다음 문장을 틀린 부분을 고쳐 바르게 써 보세요.

> 초등학생은 공유 킥보드를 타는 데 필요한 면허를 딸 수 있고, 공유 킥보드는 초등학생이 타기에 위험해요.

## DNA는 무슨 일을 할까요?

**핵심어 체크** ☑ 다음 낱말을 알고 있는지 체크해 보세요.

☐ 디엔에이(DNA)   ☐ 조립   ☐ 신체

　우리 몸은 수많은 세포로 이루어져 있어요. 세포 안에는 우리 몸을 만드는 설계도가 있죠. 설계도의 이름이 바로 디엔에이(DNA)예요. DNA는 꼬인 사다리처럼 생겼는데, 이 속에 우리 몸을 만드는 중요한 정보가 적혀 있어요. 마치 레고 조립 설명서처럼 우리 몸이 어떻게 만들어져야 하는지 알려 주죠. 키가 얼마나 클지, 눈은 무슨 색깔일지, 심지어 우리 몸이 어떤 병에 걸리게 될지도 모두 DNA에 쓰여 있어요.

　DNA는 우리의 눈, 코, 입 같은 신체의 특징을 결정할 뿐만 아니라, 우리 몸이 건강하게 잘 작동하도록 도와줘요. 예를 들어, 상처가 났을 때 상처를 어떻게 치료해야 하는지 DNA가 알려 주죠. 이 작은 정보들이 모여서 우리 몸을 완성한다는 사실이 참 신기하지 않나요?

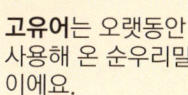
**고유어**는 오랫동안 사용해 온 순우리말이에요.

밑줄 친 낱말 대신 쓸 수 있는 낱말은 무엇일까요?
괄호에서 알맞은 고유어를 찾아 ○표해 보세요.

DNA는 눈, 코, 입 같은 **신체**의 특징을 결정해요.
( 몸 / 눈 / 코 / 입 )

이 글의 내용을 잘 이해했는지 확인해 볼까요?
이 글의 내용이 아닌 것을 찾아 체크해 보세요.

- 세포는 꼬인 사다리처럼 생겼어요.
- DNA는 우리 몸이 건강하게 작동하도록 도와줘요.
- DNA 속에는 우리 몸을 만드는 중요한 정보가 적혀 있어요.

이 글의 내용을 한 문장으로 써 볼까요?
다음 문장을 틀린 부분을 고쳐 바르게 써 보세요.

DNA는 신체의 특징을 결정하고, 우리 몸이 이상하게 작동하도록 도와줘요.

## 세계 춤의 날, 우리 같이 춤출까요?

**핵심어 체크** ☑ 다음 낱말을 알고 있는지 체크해 보세요.

☐ 매년  ☐ 유네스코  ☐ 탈

낱말 풀이 동영상

매년 4월 29일은 '세계 춤의 날'이에요. 1982년, 유네스코가 춤을 사랑하는 사람들을 위해 정했어요. 춤을 통해 다른 나라의 문화를 이해하고, 춤의 아름다움을 느낄 수 있는 날이에요.

세계에는 정말 많은 종류의 춤이 있어요. 에스파냐에는 플라멩코가 있어요. 플라멩코는 빠른 발동작과 함께 손뼉을 치며 리듬을 타는 강렬한 춤이에요. 브라질에는 삼바가 있어요. 삼바는 사람들이 모여 빠른 리듬에 맞춰 몸을 움직이는 신나는 춤이에요. 우리나라에는 탈춤이 있어요. 탈춤은 표정이 다양한 탈을 쓰고 이야기를 몸으로 표현하는 멋진 춤이에요. 이 밖에도 발레, 브레이크 댄스, 왈츠, 벨리 댄스, 탱고 등 다양한 춤이 있어요.

세계 춤의 날에는 많은 나라에서 특별한 행사가 열려요. 사람들은 무대에서 춤을 추거나, 새로운 춤을 배워요. 여러 나라의 전통 춤부터 현대 무용까지 다양한 춤을 경험할 수 있어요.

플라멩코

하회별신굿탈놀이

 **문법 한 문장** 밑줄 친 세 낱말에서 상의어는 무엇일까요?
두 낱말의 뜻을 포함하는 낱말을 찾아 번호를 써 보세요. (　　)

> 에스파냐에는 ①<u>플라멩코</u>, 브라질에는 ②<u>삼바</u>라는 ③<u>춤</u>이 있어요.

꿀**tip**
상의어는 어떤 말의 뜻을 포함하는 낱말이에요.

 **독해 한 문장** 이 글의 내용을 잘 이해했는지 확인해 볼까요?
이 글의 내용이 아닌 것을 찾아 체크해 보세요.

- 세계에는 많은 종류의 춤이 있어요. ☐
- 플라멩코는 탈을 쓰고 이야기를 몸으로 표현하는 춤이에요. ☐
- 세계 춤의 날은 춤을 통해 다른 나라의 문화를 이해하는 날이에요. ☐

 **쓰기 한 문장** 이 글의 내용을 한 문장으로 써 볼까요?
다음 문장을 틀린 부분을 고쳐 바르게 써 보세요.

> 유네스코에서 만든 '세계 춤의 날'은 옷을 통해 같은 나라의 문화를 이해하는 날이에요.

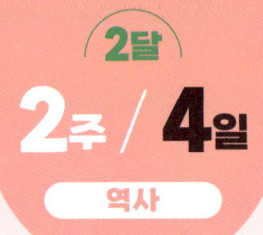

## 나라를 지킨 영웅, 이순신

**핵심어 체크** ☑ 다음 낱말을 알고 있는지 체크해 보세요.

☐ 임진왜란   ☐ 영웅   ☐ 대첩

낱말 풀이 동영상

　이순신 장군은 임진왜란이 일어났을 때 바다에서 일본군과 싸워 나라를 지킨 위대한 영웅이에요. 이순신 장군이 벌인 대표적인 전투로 '한산도 대첩'이 있어요. 대첩은 크게 승리했다는 뜻이에요. 이 전투에서 이순신 장군은 거북선이라는 배로 적을 물리치며 큰 승리를 거두었어요. 거북선은 등 위에 판을 덮어 적이 쉽게 공격할 수 없게 만든 배예요. 한산도 대첩은 〈한산: 용의 출현〉이라는 영화로도 만들어졌어요. '명량 대첩'도 이순신 장군의 전술로 큰 승리를 거둔 전투예요.

　이순신 장군이 영웅으로 인정받는 이유는 단지 싸움에서 이겼기 때문만은 아니에요. 이순신 장군은 항상 백성들을 생각하며 전투를 이끌었어요. 심지어 전투 중 커다란 상처를 입었을 때도 나라를 지키기 위해 끝까지 싸웠어요. 이러한 모습 때문에 이순신 장군은 지금까지도 존경받고 있어요.

광화문 광장에 세워진 이순신 동상

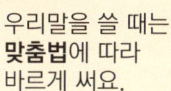
우리말을 쓸 때는 **맞춤법**에 따라 바르게 써요.

괄호에 들어갈 낱말은 무엇일까요?
맞춤법에 맞게 바르게 쓴 낱말에 ○표해 보세요.

> 이순신 장군이 영웅으로 인정받는 이유는 단지 싸움에서 이겼기 때문만은 (아니에요 / **아니예요**).

이 글의 내용을 잘 이해했는지 확인해 볼까요?
이 글의 내용이 아닌 것을 찾아 체크해 보세요.

- 이순신 장군은 임진왜란이 일어났을 때 일본군과 싸웠어요. ☐
- 이순신 장군이 벌인 대표적인 전투로 '한산도 대첩'이 있어요. ☐
- 거북선은 등 위에 판을 덮어 적이 쉽게 공격할 수 있게 만든 배예요. ☐

이 글의 내용을 한 문장으로 써 볼까요?
다음 문장을 틀린 부분을 고쳐 바르게 써 보세요.

> 이순신 장군은 병자호란이 일어났을 때 나라를 지키기 위해 싸운 위대한 영웅이에요.

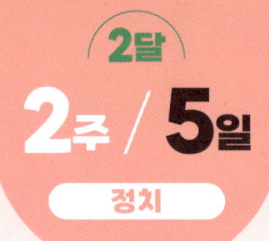

## 국회의원은 어떤 일을 할까?

**핵심어 체크** ☑ 다음 낱말을 알고 있는지 체크해 보세요.

☐ 법  ☐ 회의  ☐ 예산

국회의원은 국민을 대표해서 일하는 사람으로, 국민이 선거를 통해 직접 투표로 뽑아요.

국회의원은 어떤 일을 할까요? 첫 번째, 법을 만드는 일을 해요. 법이 잘 지켜지고 있는지 확인하고, 새로운 법이 필요할 때는 법을 만들어요. 우리가 친구들과 회의하며 규칙을 만드는 것처럼, 국회의원도 국회에 모여서 회의하며 나라에 필요한 법을 만들어요. 두 번째, 국가 예산을 정하는 일을 해요. 국가는 도로를 만들거나 학교를 짓는 데 돈을 써요. 국가가 돈을 어디에 얼마나 쓸지 정하는 게 국회의원의 역할이에요. 우리가 체육 대회에 어떤 물건을 얼마나 사고 얼마나 쓸지 정하는 것처럼 국회의원도 국가의 돈을 어떻게 쓸지 정해요.

법을 만들고, 국가 예산을 정하는 국회의원은 국민이 더 행복하게 살 수 있도록 돕는 사람이에요.

대한민국 국회의 업무가 이루어지는 국회의사당

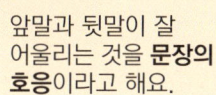
앞말과 뒷말이 잘 어울리는 것을 **문장의 호응**이라고 해요.

괄호에 들어갈 낱말은 무엇일까요?
문장에 호응하는 알맞은 낱말에 ○표해 보세요.

국회의원은 법을 (만들고 / 정하고), 국가 예산을 어디에 얼마나 쓸지 (만드는 / 정하는) 사람이에요.

이 글의 내용을 잘 이해했는지 확인해 볼까요?
이 글의 내용이 아닌 것을 찾아 체크해 보세요.

- 국회의원은 국민이 선거를 통해 투표로 뽑아요. ☐
- 국회의원은 자신을 대표해서 일하는 사람이에요. ☐
- 국회의원은 법을 만들고, 국가 예산을 정하는 사람이에요. ☐

이 글의 내용을 한 문장으로 써 볼까요?
다음 문장을 틀린 부분을 고쳐 바르게 써 보세요.

국회의원은 국민을 대표해서 법을 지키고, 국가 예산을 정하는 사람이에요.

**1일** 흥, 엉터리 의사군! — 사회

**2일** 전기 자동차는 어떻게 다를까요? — 환경

**3일** 한국 문화가 세계를 사로잡다 — 문화

**4일** 중세 유럽의 기사들 — 역사

**5일** 우리나라의 돈은 어떻게 만들어질까? — 경제

# 흥, 엉터리 의사군!

**핵심어 체크** 다음 낱말을 알고 있는지 체크해 보세요.

☐ 진료  ☐ 세균  ☐ 거부

불과 200년 전만 해도 사람들은 손 씻기가 얼마나 중요한지 몰랐어요. 의사들도 손을 잘 씻지 않았어요. 의사에게 진료를 받다가 세균에 감염되어 죽는 환자들도 있었어요. 헝가리의 의사 제멜바이스는 의사들의 더러운 손 때문에 환자가 죽는다는 새로운 사실을 발견했어요. 제멜바이스는 동료 의사들에게 말했어요.

"환자를 진료하기 전에 손을 꼭 씻어야 해!"

하지만 동료 의사들은 제멜바이스를 비웃었어요.

"흥, 엉터리군. 고작 손을 씻는다고 뭐가 달라지겠어!"

제멜바이스는 동료 의사들에게 비웃음과 놀림을 당했어요.

의사들은 제멜바이스의 말이 맞는지 따져 보지도 않고 기존의 생각과 달라서 거부했어요. 이처럼 기존의 것에 반대되는 새로운 지식이나 생각을 반사적으로 거부하는 모습을 '제멜바이스 반사 작용'이라고 해요.

괄호에 들어갈 낱말은 무엇일까요?
알맞게 **활용**한 낱말에 ○표해 보세요.

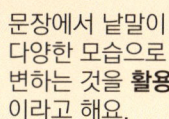

문장에서 낱말이 다양한 모습으로 변하는 것을 **활용**이라고 해요.

제멜바이스의 말이 맞는지 따져 보지도 않고 기존의 생각과 (달라서 / 다르다) 거부했어요.

이 글의 내용을 잘 이해했는지 확인해 볼까요?
이 글의 내용이 **아닌 것**을 찾아 체크해 보세요.

- 불과 200년 전에도 사람들은 손 씻기가 중요하다고 생각했어요. ☐
- 제멜바이스 반사 작용은 새로운 지식을 거부하는 모습을 말해요. ☐
- 제멜바이스는 환자를 진료하기 전에 손을 씻어야 한다고 말했어요. ☐

이 글의 내용을 한 문장으로 써 볼까요?
다음 문장을 **틀린 부분**을 고쳐 바르게 써 보세요.

제멜바이스 반사 작용은 기존의 것에 반대되는 오래된 지식이나 생각을 반사적으로 거부하는 모습을 말해요.

## 전기 자동차는 어떻게 다를까요?

**핵심어 체크** ☑ 다음 낱말을 알고 있는지 체크해 보세요.

☐ 전기  ☐ 소음  ☐ 단점

거리에서 전기 자동차를 보거나 전기 자동차를 타 본 적이 있나요? 전기 자동차는 휘발유나 경유 같은 기름을 사용하는 자동차와 달리 전기를 사용해서 움직여요. 주유소에서 기름을 넣는 대신에 전기 충전소에서 배터리를 충전하지요. 마치 핸드폰 배터리를 충전하는 것처럼요.

전기 자동차는 기름을 사용하지 않기 때문에 이산화탄소를 거의 내보내지 않아요. 이산화탄소는 대기 오염과 지구 온난화를 일으키는 원인 중 하나예요. 그런 점에서 전기 자동차는 대기 오염을 줄이고, 환경을 보호하는 데 큰 도움이 돼요. 게다가 전기 자동차는 달릴 때 소음이 거의 없어서 조용해요. 물론 배터리를 충전하는 데 시간이 오래 걸리고, 전기 충전소가 적다는 단점도 있어요.

배터리를 충전하고 있는 전기 자동차

 밑줄 친 세 낱말에서 상의어는 무엇일까요?
두 낱말의 뜻을 포함하는 낱말을 찾아 번호를 써 보세요. (   )

> 꿀tip
> 상의어는 어떤 말의 뜻을 포함하는 낱말이에요.

전기 자동차는 ①**휘발유**나 ②**경유** 같은 ③**기름**을 사용하지 않아요.

 이 글의 내용을 잘 이해했는지 확인해 볼까요?
이 글의 내용이 아닌 것을 찾아 체크해 보세요.

- 전기 자동차는 휘발유나 경유를 사용해요. ☐
- 전기 자동차는 배터리를 충전하는 데 시간이 오래 걸려요. ☐
- 전기 자동차는 대기 오염을 줄이고, 환경을 보호하는 데 도움이 돼요. ☐

 이 글의 내용을 한 문장으로 써 볼까요?
다음 문장을 틀린 부분을 고쳐 바르게 써 보세요.

전기 자동차는 대기 오염을 줄이고, 환경을 보호할 수 있는 반면 배터리를 사용하는 데 시간이 오래 걸려요.

## 한국 문화가 세계를 사로잡다

**핵심어 체크** 다음 낱말을 알고 있는지 체크해 보세요.

☐ 한류   ☐ 열풍   ☐ 유행

낱말 풀이 동영상

읽기

한류는 한국 문화가 다른 나라에서 인기를 끄는 현상을 말해요. 한국의 음악, 드라마, 영화, 패션 등이 세계 곳곳에서 큰 사랑을 받고 있어요.

한국 문화가 어떻게 세계적으로 인기를 끌게 되었을까요? 첫째로 방탄소년단이나 블랙핑크 같은 'K-팝' 그룹이 세계적인 무대에 서며 이름을 알렸어요. K-팝 그룹의 노래와 춤은 전 세계 팬들에게 사랑받고 있어요. 둘째로 한국 드라마나 영화가 사람들의 마음을 사로잡았어요. 〈오징어 게임〉, 〈기생충〉이 대표적인 작품이에요. 셋째로 김치, 비빔밥, 불고기 같은 한국 음식을 세계 여러 사람이 맛보며 한국 문화에 관심을 갖기 시작했어요.

이처럼 전 세계에 한류 열풍이 불고 있어요. 앞으로 한국의 어떤 문화가 세계에서 유행하게 될까요?

 밑줄 친 관용 표현은 무슨 뜻일까요?
괄호에서 알맞은 뜻을 찾아 ○표해 보세요.

**꿀tip**
관용 표현은 여러 단어가 어울려 새로운 뜻으로 굳어진 말이에요.

K-팝 그룹이 세계적인 **무대에 서며** 이름을 알렸어요.
(공연에 참가하며 / 무대를 세우며 / 무대를 세며)

 이 글의 내용을 잘 이해했는지 확인해 볼까요?
이 글의 내용이 아닌 것을 찾아 체크해 보세요.

- 한류는 다른 나라 문화가 한국에서 인기를 끄는 현상을 말해요. ☐
- K-팝 그룹과 한국 드라마, 영화가 세계에서 사랑을 받고 있어요. ☐
- 한국 음식을 세계 여러 사람이 맛보며 한국 문화에 관심을 가졌어요. ☐

 이 글의 내용을 한 문장으로 써 볼까요?
다음 문장을 틀린 부분을 고쳐 바르게 써 보세요.

한국의 음악, 드라마, 영화, 패션 등이 한국에서 인기를 끌며 전 세계에 한류 열풍이 불고 있어요.

## 중세 유럽의 기사들

**2달 3주 / 4일 역사**

**핵심어 체크** ☑ 다음 낱말을 알고 있는지 체크해 보세요.

☐ 귀족   ☐ 계급   ☐ 요새

낱말 풀이 동영상

읽기

지금으로부터 약 천 년 전에 유럽은 중세 시대였어요. 이 시기에는 많은 기사가 등장했어요. 기사는 왕이나 귀족을 위해 무기를 들고 싸우는 특별한 계급이에요. 기사는 갑옷을 입고, 창이나 무기로 무장했어요.

당시 유럽은 전쟁과 싸움이 잦았던 시기였어요. 왕이나 귀족들은 자신들의 땅을 지키기 위해 많은 기사가 필요했어요. '성'을 요새처럼 지은 이유도 적의 침입을 막기 위해서였죠. 적들이 공격해 오면 성은 튼튼한 방어벽 역할을 했고, 기사들은 그 성을 지키며 싸웠어요. 중세 유럽 시대의 그림에는 성에서 싸우는 기사들 모습이 많아요.

기사는 명예와 충성을 중요하게 생각했어요. 그래서 '기사도'라는 특별한 규칙을 따랐어요. 기사도는 약한 사람을 보호하고, 정의를 위해 싸워야 하는 기사가 지켜야 할 도덕을 말해요.

 **문법 한 문장**

띄어쓰기가 잘못된 부분은 어디일까요?
띄어 써야 할 부분을 찾아 V기호를 표시해 보세요.

> 꿀tip
> 우리말 규칙에 따라 앞말과 알맞게 띄어 써요.

지금으로부터ˇ약천년ˇ전에ˇ유럽은ˇ중세ˇ시대였어요.

 **독해 한 문장**

이 글의 내용을 잘 이해했는지 확인해 볼까요?
이 글의 내용이 아닌 것을 찾아 체크해 보세요.

- 기사는 명예와 충성을 중요하게 생각했어요. ☐
- 중세 유럽은 전쟁과 싸움이 적었던 시기였어요. ☐
- 중세 유럽에서 기사는 왕이나 귀족을 위해 싸웠어요. ☐

 **쓰기 한 문장**

이 글의 내용을 한 문장으로 써 볼까요?
다음 문장을 틀린 부분을 고쳐 바르게 써 보세요.

중세 유럽에서 농민은 왕이나 귀족을 위해 싸우는 특별한 계급으로, 기사도라는 특별한 규칙을 따랐어요.

## 우리나라의 돈은 어떻게 만들어질까?

**3주 / 5일** — 2달 경제

**핵심어 체크** ☑ 다음 낱말을 알고 있는지 체크해 보세요.

☐ 지폐  ☐ 위조  ☐ 마찬가지

낱말 풀이 동영상

줄줄줄 읽기

　십 원, 오십 원, 백 원, 오백 원, 천 원, 만 원, 오만 원. 우리가 사용하는 돈은 동전과 지폐가 있어요. 그런데 이 돈들은 어디서, 어떻게 만들어질까요?

　우리나라에서 돈을 만드는 곳은 바로 '한국 조폐 공사'예요. 이곳에서 동전과 지폐를 만들어요. 돈을 만드는 첫 번째 단계는 동전이나 지폐의 모양과 그림을 디자인하는 거예요. 그런 다음, 금속을 찍어 내는 기계에서 동전을 만들고, 특별한 종이에 잉크로 그림을 인쇄해 지폐를 만들어요. 참, 지폐에는 숨은 그림이나 비밀 표시가 있는데 이건 돈을 위조하지 못하게 막는 중요한 기술이에요.

　동전과 지폐를 만들려면 재료를 사는 데 돈이 들고, 만드는 과정에서도 돈이 필요해요. 10원짜리 동전을 만드는 데 들어가는 비용이 10원보다 더 많이 든다고 해요. 지폐도 마찬가지로 특별한 종이를 사용하는 것과 보안 기술 때문에 만드는 데 큰 비용이 들어요.

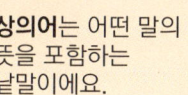
**상의어**는 어떤 말의 뜻을 포함하는 낱말이에요.

밑줄 친 세 낱말에서 상의어는 무엇일까요?
두 낱말의 뜻을 포함하는 낱말을 찾아 번호를 써 보세요. (　　)

①**돈**을 만들려면 먼저 ②**동전**이나 ③**지폐**의 모양과 그림을 디자인해요.

이 글의 내용을 잘 이해했는지 확인해 볼까요?
이 글의 내용이 아닌 것을 찾아 체크해 보세요.

- 동전과 지폐를 만들려면 돈이 필요해요. ☐
- 우리가 사용하는 돈은 동전과 지폐가 있어요. ☐
- 전 세계의 돈을 만드는 곳은 한국 조폐 공사예요. ☐

이 글의 내용을 한 문장으로 써 볼까요?
다음 문장을 틀린 부분을 고쳐 바르게 써 보세요.

우리가 사용하는 돈은 동전과 카드가 있으며, 우리나라 동전과 지폐는 한국 조폐 공사에서 만들어요.

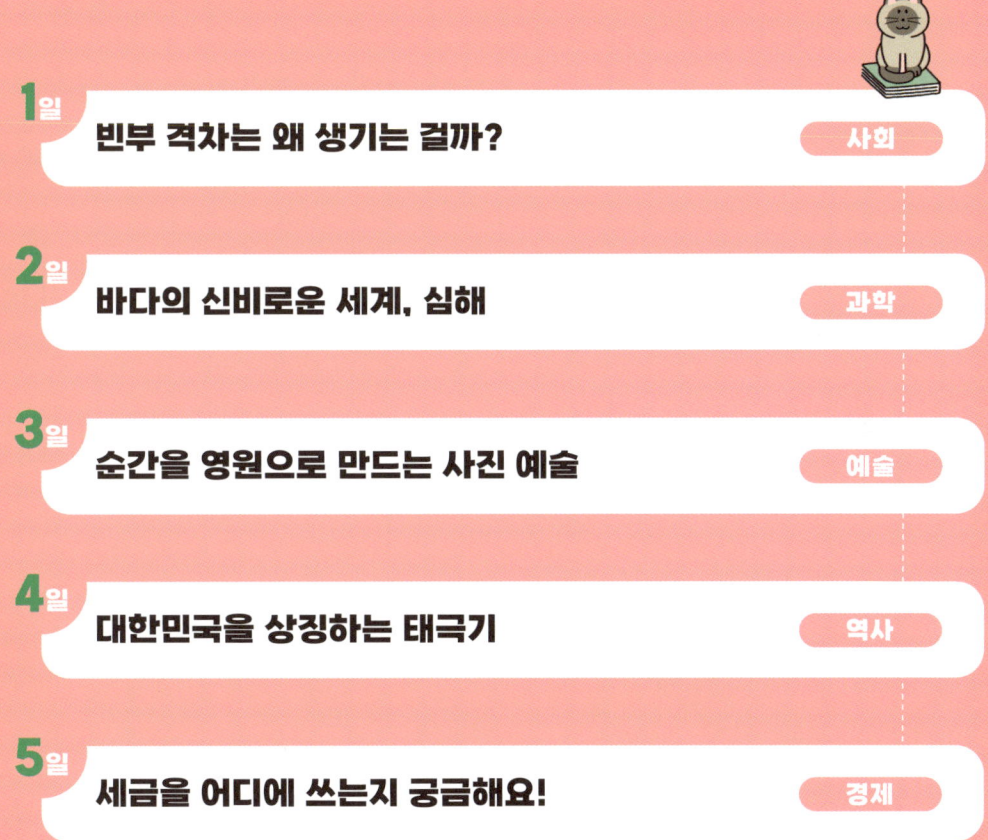

**1일** 빈부 격차는 왜 생기는 걸까? — 사회

**2일** 바다의 신비로운 세계, 심해 — 과학

**3일** 순간을 영원으로 만드는 사진 예술 — 예술

**4일** 대한민국을 상징하는 태극기 — 역사

**5일** 세금을 어디에 쓰는지 궁금해요! — 경제

## 빈부 격차는 왜 생기는 걸까?

**핵심어 체크** 다음 낱말을 알고 있는지 체크해 보세요.

☐ 빈부 격차    ☐ 차이    ☐ 기회

'빈부 격차'라는 말을 들어 본 적 있나요? 세상에는 정말 다양한 사람들이 있어요. 어떤 사람은 큰 회사를 운영하면서 돈을 많이 벌기도 하고, 어떤 사람은 일자리를 찾는 데 어려움이 있어 경제적으로 힘들게 살기도 해요. 이렇게 사람들이 처한 상황과 직업이 다르다 보니, 돈을 벌거나 모으는 데도 차이가 생기게 돼요. 이러한 차이가 빈부 격차예요. 즉, 빈부 격차는 돈이 많은 사람과 돈이 적은 사람 사이에 생기는 차이를 뜻해요.

어떻게 하면 빈부 격차를 해결할 수 있을까요? 첫째, 좋은 교육을 받아야 해요. 누구나 좋은 교육을 받으면, 더 나은 직업을 구하고 안정된 삶을 살 기회를 얻을 수 있어요. 둘째, 정부의 도움이 필요해요. 일자리를 찾기 어려운 사람들에게는 일할 기회를 제공해 주고, 어려운 가정에는 필요한 도움을 줘야 해요.

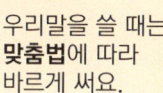

우리말을 쓸 때는 **맞춤법**에 따라 바르게 써요.

괄호에 들어갈 낱말은 무엇일까요?
맞춤법에 맞게 바르게 쓴 낱말에 ○표해 보세요.

> 직업이 다르다 보니, 돈을 벌거나 모으는 (데 / 대)도 차이가 생기게 (되요 / 돼요).

이 글의 내용을 잘 이해했는지 확인해 볼까요?
이 글의 내용이 아닌 것을 찾아 체크해 보세요.

- 빈부 격차를 해결하려면 정부의 도움이 필요해요. ☐
- 사람들이 처한 상황과 직업이 같아서 빈부 격차가 생겨요. ☐
- 빈부 격차는 돈이 많은 사람과 적은 사람 사이에 생기는 차이를 뜻해요. ☐

이 글의 내용을 한 문장으로 써 볼까요?
다음 문장을 틀린 부분을 고쳐 바르게 써 보세요.

> 나이가 많은 사람과 적은 사람 사이에 생기는 빈부 격차를 해결하기 위해 노력해야 해요.

## 2달 4주 / 2일 과학

# 바다의 신비로운 세계, 심해

**핵심어 체크** ☑ 다음 낱말을 알고 있는지 체크해 보세요.

☐ 심해   ☐ 압력   ☐ 촉수

낱말 풀이 동영상

줄줄줄 읽기

　바다에는 어둡고 신비로운 세계가 있어요. 바다의 아주 깊은 곳, 햇빛이 닿지 않는 '심해'가 바로 그곳이죠. 심해는 깊이가 200미터 넘을 때부터 시작되며, 더 깊으면 수천 미터가 되기도 해요. 물의 압력이 매우 강해서 사람이 직접 가기 어려워요. 그래서 심해는 잘 알려지지 않았어요. 만약 심해에 가 본다면 어떨까요?

　"빛도 없고 어두워서 손을 내밀어도 보이지 않아요."

　"물이 얼음처럼 차갑고, 시간이 멈춘 듯 고요해요."

　그래도 심해에는 우리가 상상하지 못할 만큼 놀라운 생물들이 살고 있어요. 심해 생물들은 어둠 속에서 사느라 특이한 능력을 지녔어요. 심해 아귀는 머리 위에 빛을 내는 촉수가 있어서 어둠 속에서도 먹이를 찾을 수 있어요. 심해 오징어는 몸을 투명하게 만들거나, 빛을 내는 특별한 능력이 있어요.

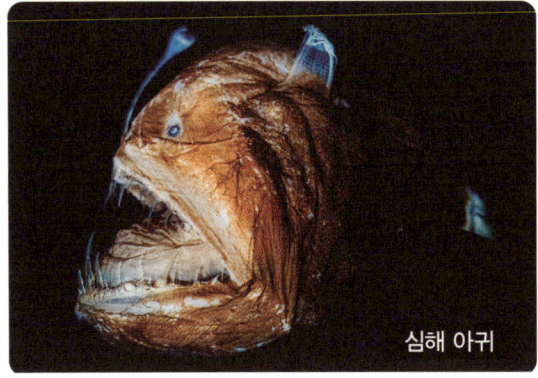
심해 아귀

심해 오징어

 괄호에 들어갈 비유적 표현은 무엇일까요?
어울리는 비유적 표현에 ○표해 보세요.

> 꿀tip
> **비유적 표현**은 직접 설명하지 않고 다른 무엇에 빗대어 표현하는 방법이에요.

물이 (멈춘 듯 / 얼음처럼) 차갑고, 시간이 (멈춘 듯 / 얼음처럼) 고요해요.

 이 글의 내용을 잘 이해했는지 확인해 볼까요?
이 글의 내용이 아닌 것을 찾아 체크해 보세요.

- 바다의 아주 깊은 곳, 심해는 매우 밝고 신비로워요. ☐
- 심해에는 특이한 능력을 지닌 생물들이 살고 있어요. ☐
- 심해는 물이 얼음처럼 차갑고 시간이 멈춘 듯 고요해요. ☐

 이 글의 내용을 한 문장으로 써 볼까요?
다음 문장을 틀린 부분을 고쳐 바르게 써 보세요.

심해는 어둡고 신비로운 곳으로 평범한 능력을 지닌 생물들이 살고 있어요.

# 순간을 영원으로 만드는 사진 예술

**핵심어 체크** ☑ 다음 낱말을 알고 있는지 체크해 보세요.

☐ 순간   ☐ 일상   ☐ 구도

  보통 사진은 추억을 기록하는 데 사용해요. 반면에 '사진 예술'은 순간을 포착해 이야기를 전달하고, 예술적인 방식으로 표현하는 걸 말해요.

  사진 예술은 시간이 멈춘 순간을 표현할 수 있다는 특징이 있어요. 우리가 일상에서 놓치기 쉬운 장면이나 자연의 모습, 사람들의 감정을 사진 한 장에 담아내죠. 사진 예술가는 빛, 색, 구도를 신중하게 선택해 하나의 예술 작품을 만들어요. 그래서 한 장의 사진이 마치 그림처럼 강한 감동을 주지요. 대표적인 사진 예술가는 프랑스의 사진작가 '앙리 카르티에 브레송'이에요. 마치 시간이 멈춘 것처럼 움직임이 정지된 순간을 찍은 '결정적 순간'이라는 작품들로 유명해요.

  사진 예술은 순간을 영원히 남기는 힘을 가졌어요. 우리가 보고도 쉽게 지나칠 수 있는 순간을 특별하게 기록하는 사진 예술을 더 알고 싶지 않나요?

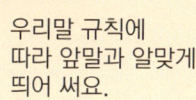

우리말 규칙에 따라 앞말과 알맞게 띄어 써요.

띄어쓰기가 잘못된 부분은 어디일까요?
띄어 써야 할 부분을 찾아 V기호를 표시해 보세요.

사진˅예술은˅보고도˅쉽게˅지나칠수˅있는˅순간을˅포착해˅예술적인˅방식으로˅표현해요.

이 글의 내용을 잘 이해했는지 확인해 볼까요?
이 글의 내용이 아닌 것을 찾아 체크해 보세요.

- 사진 예술은 추억을 기록하는 데 사용해요. ☐
- 사진 예술은 시간이 멈춘 순간을 표현할 수 있어요. ☐
- 사진 예술가는 빛, 색, 구도를 선택해 예술 작품을 만들어요. ☐

이 글의 내용을 한 문장으로 써 볼까요?
다음 문장을 틀린 부분을 고쳐 바르게 써 보세요.

사진 예술은 그림을 포착해 이야기를 전달하고, 예술적인 방식으로 표현해요.

## 대한민국을 상징하는 태극기

**핵심어 체크** ☑ 다음 낱말을 알고 있는지 체크해 보세요.

☐ 국기   ☐ 상징   ☐ 문양

태극기는 대한민국을 상징하는 국기예요. 태극기에는 중요한 의미들이 담겨 있어요. 태극기는 대한민국의 독립과 자유를 상징하기 위해서 만들었어요.

태극기 가운데에 있는 태극 문양은 파란색과 빨간색이 조화를 이루고 있어요. 파란색은 '음'을 빨간색은 '양'을 의미해요. 이처럼 음과 양이 하나로 어우러지는 모습은 세상 모든 게 서로 어울려 균형을 이룸을 뜻해요.

태극기의 네 모서리에는 4개의 괘(卦)가 그려져 있어요. '건곤감리'로 불리는 이 괘들은 각각 하늘, 땅, 물, 불을 뜻해요. 괘는 자연의 중요한 요소들을 나타내며, 우리 삶이 자연과 연결되어 있음을 뜻해요.

이처럼 태극기에는 세상 모든 게 서로 어울려 평화롭게 살아간다는 의미가 담겨 있어요.

**문법 한 문장**
괄호에 들어갈 낱말은 무엇일까요?
알맞게 활용한 낱말에 ○표해 보세요.

> 꿀tip
> 문장에서 낱말이 다양한 모습으로 변하는 것을 **활용**이라고 해요.

태극기는 대한민국을 (상징하는 / 상징하기) 국기로, 대한민국의 독립과 자유를 (상징하는 / 상징하기) 위해서 만들었어요.

**독해 한 문장**
이 글의 내용을 잘 이해했는지 확인해 볼까요?
이 글의 내용이 아닌 것을 찾아 체크해 보세요.

- 태극기는 대한민국을 상징하는 국기예요. ☐
- 태극기의 태극 문양은 검은색과 빨간색으로 이루어져 있어요. ☐
- 태극기에는 서로 어울려 평화롭게 살아간다는 의미가 담겨 있어요. ☐

**쓰기 한 문장**
이 글의 내용을 한 문장으로 써 볼까요?
다음 문장을 틀린 부분을 고쳐 바르게 써 보세요.

태극기는 대한민국을 상징하는 국가로 세상 모든 게 서로 어울려 평화롭게 살아간다는 의미가 담겨 있어요.

# 세금을 어디에 쓰는지 궁금해요!

**2달 4주 / 5일** · 경제

**핵심어 체크** ☑ 다음 낱말을 알고 있는지 체크해 보세요.

☐ 공공시설　　☐ 세금　　☐ 공무원

낱말 풀이 동영상

줄줄줄 읽기

나라가 여러 일을 하려면 돈이 필요해요. 그래서 나라는 국민에게 세금을 걷어요.

세금은 어떻게 낼까요? 어른들이 월급을 받을 때, 자동으로 월급에서 일부가 세금으로 빠져나가요. 그리고 물건값에 세금이 포함되어 있어서, 물건을 살 때 돈을 내면 세금도 함께 내게 돼요. 우리가 먹는 과잣값에도 세금이 포함되어 있어요. 이렇게 월급이나 물건값에서 뗀 세금을 모아 필요한 곳에 사용해요.

세금은 학교나 병원 같은 공공시설을 짓는 데 사용해요. 도로나 지하철 같은 교통 시설을 만드는 데도 써요. 또, 세금은 경찰이나 소방관처럼 우리를 안전하게 지켜 주기 위해 노력하는 공무원들에게도 사용해요.

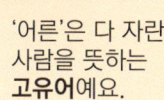
'어른'은 다 자란 사람을 뜻하는 **고유어**예요.

 밑줄 친 낱말에서 고유어는 무엇일까요?
**고유어**를 찾아 번호를 써 보세요. (     )

①<u>어른</u>들이 ②<u>월급</u>을 받을 때, ③<u>자동</u>으로 월급에서 ④<u>일부</u>가 ⑤<u>세금</u>으로 빠져나가요.

 이 글의 내용을 잘 이해했는지 확인해 볼까요?
이 글의 내용이 **아닌 것**을 찾아 체크해 보세요.

- 나라는 국민에게 세금을 걷어요. ☐
- 경찰이나 소방관은 세금을 내지 않아요. ☐
- 세금은 학교나 병원을 짓는 데 사용해요. ☐

 이 글의 내용을 한 문장으로 써 볼까요?
다음 문장을 **틀린 부분**을 고쳐 바르게 써 보세요.

나라가 공공시설이나 교통 시설을 만들거나 여러 가지 일을 하기 위해서 국민에게 벌금을 걷어요.

# 3달 1주

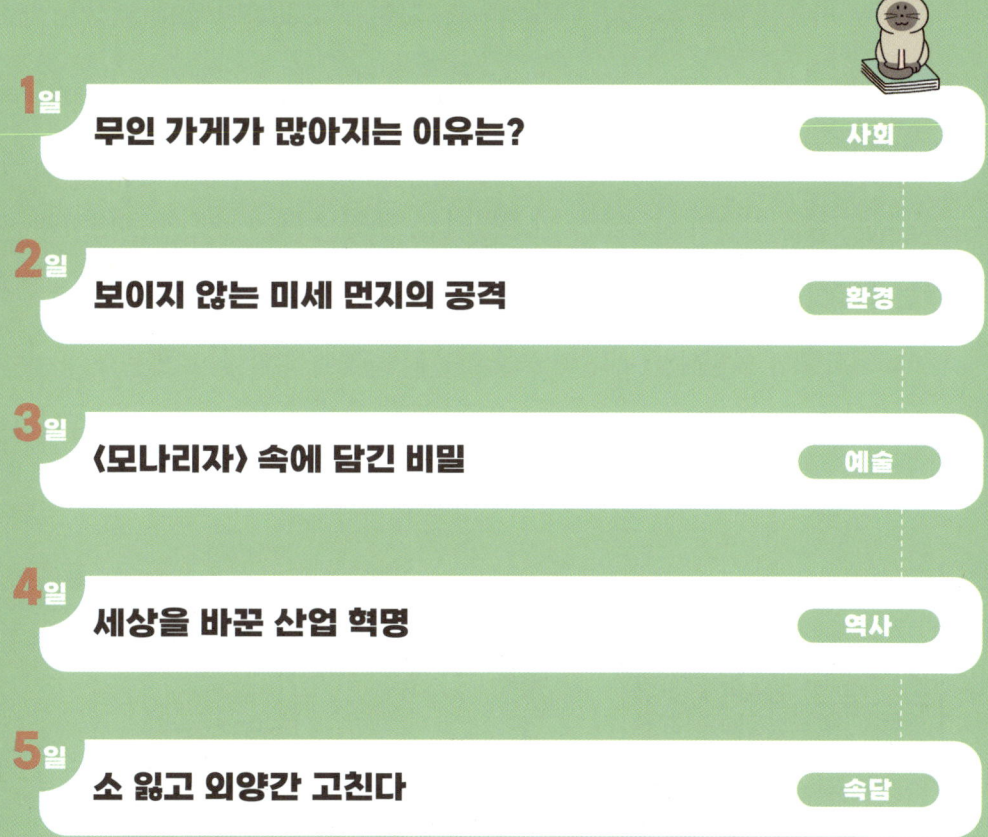

- **1일** 무인 가게가 많아지는 이유는? — 사회
- **2일** 보이지 않는 미세 먼지의 공격 — 환경
- **3일** 〈모나리자〉 속에 담긴 비밀 — 예술
- **4일** 세상을 바꾼 산업 혁명 — 역사
- **5일** 소 잃고 외양간 고친다 — 속담

# 무인 가게가 많아지는 이유는?

**핵심어 체크** ✓ 다음 낱말을 알고 있는지 체크해 보세요.

☐ 무인(無人)   ☐ 비용   ☐ 고용

낱말 풀이 동영상

읽기

무인 가게를 본 적 있나요? 무인 가게는 일하는 사람이 없어요. 손님이 직접 물건을 고르고, 계산도 직접 하죠. 왜 이런 무인 가게가 점점 많아질까요?

첫째는 비용을 아낄 수 있기 때문이에요. 사람을 고용하면 월급을 줘야 해요. 그런데 최저 임금이 오르면서 가게에서 사람을 고용하고 월급을 주기가 어려워졌어요. 무인 가게는 사람을 고용하는 대신 기계와 기술을 이용해서 운영할 수 있어요.

둘째는 첨단 기술이 발달했기 때문이에요. 무인 가게의 물건에는 전자태그(RFID)라는 특별한 장치가 붙어 있어서, 손님들이 어떤 물건을 샀는지 자동으로 인식할 수 있어요. 또한 사물인터넷(IoT) 기술을 이용해 물건이 얼마나 남았는지, 혹은 어떤 물건이 잘 팔리는지를 편리하게 확인할 수 있어요. 이런 기술 덕분에 사람이 없어도 가게를 잘 운영할 수 있어요.

**띄어쓰기**가 잘못된 부분은 어디일까요?
띄어 써야 할 부분을 찾아 V기호를 표시해 보세요.

> 꿀tip
> 우리말 규칙에 따라 앞말과 알맞게 띄어 써요.

무인ˇ가게는ˇ첨단ˇ기술덕분에ˇ사람이ˇ없어도ˇ잘ˇ운영할수ˇ있어요.

이 글의 내용을 잘 이해했는지 확인해 볼까요?
이 글의 내용이 **아닌 것**을 찾아 체크해 보세요.

- 무인 가게는 비용을 아낄 수 있어요. ☐
- 무인 가게는 사람을 고용해서 운영해요. ☐
- 무인 가게는 손님이 직접 물건을 고르고 계산해요. ☐

이 글의 내용을 한 문장으로 써 볼까요?
다음 문장을 **틀린 부분**을 고쳐 바르게 써 보세요.

> 주인이 직접 물건을 고르고 계산도 하는 무인 가게가 점점 많아지고 있어요.

# 보이지 않는 미세 먼지의 공격

**핵심어 체크** ✓ 다음 낱말을 알고 있는지 체크해 보세요.

☐ 미세 먼지  ☐ 배기가스  ☐ 증상

　미세 먼지는 눈에 잘 보이지 않을 정도로 작아요. 자동차나 공장에서 나오는 배기가스와 연기가 공기 중에 떠다니면서 미세 먼지를 만들어요. 기름을 태울 때 나오는 물질들도 미세 먼지를 만들어요. 또 바람을 타고 다른 나라에서 날아오는 미세 먼지도 있어요. 특히, 중국이나 몽골에서 발생한 미세 먼지가 바람을 타고 우리나라로 날아오는 경우가 많아요.

　미세 먼지는 공기 중에 떠다니면서 우리가 숨을 쉴 때 몸속으로 들어와요. 크기가 작아서 코나 입에서 거르지 못하고 폐 속 깊이 들어가 우리 몸에 해를 끼쳐요. 미세 먼지로 인해 기침이 나고, 눈이 따가워지는 증상이 생길 수 있어요. 또한 미세 먼지가 심하면 하늘이 뿌옇게 보일 정도로 공기가 탁해져요. 대기 오염이 심해져 환경에도 큰 피해를 줘요. 미세 먼지가 많은 날에는 마스크를 쓰고, 외출을 자제해야 해요.

미세 먼지로 뒤덮인 서울

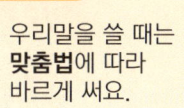

우리말을 쓸 때는 **맞춤법**에 따라 바르게 써요.

괄호에 들어갈 낱말은 무엇일까요?
맞춤법에 맞게 바르게 쓴 낱말에 ○표해 보세요.

바람을 타고 다른 나라에서 (날라오는 / 날아오는) 미세 먼지도 있어요.

이 글의 내용을 잘 이해했는지 확인해 볼까요?
이 글의 내용이 아닌 것을 찾아 체크해 보세요.

- 미세 먼지는 눈에 잘 보이지 않을 정도로 작아요. ☐
- 미세 먼지가 폐 속 깊이 들어가면 몸에 해를 끼쳐요. ☐
- 미세 먼지는 대기 오염을 줄여 환경에도 큰 피해를 줘요. ☐

이 글의 내용을 한 문장으로 써 볼까요?
다음 문장을 틀린 부분을 고쳐 바르게 써 보세요.

미세 먼지는 눈에 보이지 않을 정도로 크지만, 우리 몸에 해를 끼치고 환경에도 큰 피해를 줘요.

# 〈모나리자〉 속에 담긴 비밀

**핵심어 체크** ☑ 다음 낱말을 알고 있는지 체크해 보세요.

☐ 초상화  ☐ 비밀  ☐ 미소

낱말 풀이 동영상

읽기

　천재 화가 레오나르도 다빈치가 그린 〈모나리자〉는 세계에서 유명한 그림 중 하나예요. 어느 여인의 얼굴을 그린 초상화인데, 많은 비밀이 담겨 있어요.

　첫 번째 가장 큰 비밀은 여인의 미소예요. 여인은 미소를 짓는 것 같기도 하고, 미소를 짓지 않는 것 같기도 해요. 다빈치가 특별한 기법을 사용해서, 보는 각도나 조명에 따라 미소가 달라 보이도록 그렸다고 해요. 두 번째 비밀은 여인의 정체예요. 그림 속 여인이 누구인지 밝혀지지 않은 채, 다빈치의 친구라는 말도 있고, 부자 상인의 아내라는 말도 있어요. 심지어 다빈치가 자신을 여성으로 그렸다는 이야기도 있지요. 세 번째 비밀은 여인의 눈이에요. 어느 방향에서 보더라도 여인의 눈이 따라오는 것처럼 보인다고 해요. 이 독특한 효과 덕분에 많은 사람이 〈모나리자〉를 신기하게 느껴요.

　이처럼 여러 비밀을 담고 있는 〈모나리자〉는 신비롭고 특별한 그림이에요.

〈모나리자〉

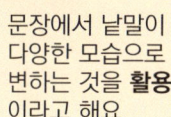

꿀tip
문장에서 낱말이 다양한 모습으로 변하는 것을 **활용**이라고 해요.

괄호에 들어갈 낱말은 무엇일까요?
알맞게 **활용**한 낱말에 ◯표해 보세요.

〈모나리자〉는 어느 방향에서 (보더라도 / 보인다고) 여인의 눈이 따라 오는 것처럼 (보더라도 / 보인다고) 해요.

이 글의 내용을 잘 이해했는지 확인해 볼까요?
이 글의 내용이 **아닌 것**을 찾아 체크해 보세요.

- 〈모나리자〉는 여인의 정체가 밝혀지지 않았어요. ☐
- 〈모나리자〉는 어느 여인의 얼굴을 그린 초상화예요. ☐
- 〈모나리자〉는 어느 방향에서 보더라도 여인의 미소가 따라오는 것처럼 보여요. ☐

이 글의 내용을 한 문장으로 써 볼까요?
다음 문장을 **틀린 부분**을 고쳐 바르게 써 보세요.

레오나르도 다빈치가 그린 〈모나리자〉는 여러 비밀을 담고 있는 신비롭고 특별한 사진이에요.

# 세상을 바꾼 산업 혁명

**핵심어 체크** ☑ 다음 낱말을 알고 있는지 체크해 보세요.

☐ 현대  ☐ 증기  ☐ 도시화

　산업 혁명은 18세기 후반 영국에서 시작됐어요. 기계의 발전으로 세상을 완전히 바꾼 산업 혁명은 우리가 살고 있는 현대 사회의 시작을 이끌었어요.

　대표적인 발명품은 증기 기관이에요. 증기 기관은 물을 끓여서 나오는 증기의 힘을 이용하는 장치예요. 증기 기관 덕분에 훨씬 빠르게 물건을 만들 수 있게 되었어요. 천을 짜는 기계나 철을 자르는 기계 등 다양한 기계가 등장해 많은 양의 물건을 빠르게 만들게 되었어요.

　산업 혁명은 사람들이 사는 모습도 바꿔 놓았어요. 사람들은 집에서 손으로 물건을 만드는 대신 공장에서 기계를 이용했어요. 많은 사람이 농촌에서 도시로 이사해 공장에서 일하게 되었죠. 도시로 사람들이 몰리면서 도시화 현상이 일어났어요. 물건을 빠르게 대량으로 생산할 수 있게 되어 생활이 편리해졌고, 싼 가격에 물건을 살 수 있게 되었어요.

면직물을 만드는 공장 그림

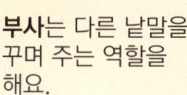

**부사**는 다른 낱말을 꾸며 주는 역할을 해요.

괄호에 들어갈 낱말은 무엇일까요?
알맞은 부사에 ◯표해 보세요.

기계의 발전으로 세상이 (천천히 / 완전히) 변한 사건을 산업 혁명이라고 불러요.

이 글의 내용을 잘 이해했는지 확인해 볼까요?
이 글의 내용이 아닌 것을 찾아 체크해 보세요.

- 산업 혁명은 현대 사회의 시작을 이끌었어요. ☐
- 산업 혁명은 사람들이 사는 모습을 바꿔 놨어요. ☐
- 증기 기관을 발명해서 물건을 천천히 만들 수 있게 되었어요. ☐

이 글의 내용을 한 문장으로 써 볼까요?
다음 문장을 틀린 부분을 고쳐 바르게 써 보세요.

기계의 발전으로 세상을 완전히 바꾼 산업 혁명은 고대 사회의 시작을 이끌었어요.

## 소 잃고 외양간 고친다

**핵심어 체크** ☑ 다음 낱말을 알고 있는지 체크해 보세요.

☐ 외양간　　☐ 허둥지둥　　☐ 어젯밤

　무언가를 미리 준비하지 않아서 나중에 후회한 적이 있나요? '소 잃고 외양간 고친다'라는 속담은 이럴 때 사용해요. 외양간은 소를 기르는 곳을 말해요. 소가 도망가 버리거나, 죽어 버린 다음에 소를 기르는 곳을 고치는 게 의미가 있을까요? 이처럼 어떤 일이 이미 벌어진 뒤에야 이를 고치거나 바로잡으려는 행동은 어리석지요.

　"내일 체험 학습 가니까 미리 가방 준비해!"

　부모님께서 여러 번 말씀하셨지만, TV를 보거나 놀다가 준비를 미룬 경험이 있나요? 다음 날 아침에서야 허둥지둥 급하게 챙기려다, 결국 중요한 물건들을 빠뜨린 경험이요. 어젯밤에 미리 준비하지 않은 걸 후회했을 거예요.

　'소 잃고 외양간 고친다'라는 속담은 미리 준비하고, 일이 벌어지기 전에 조심하는 것이 중요하다는 것을 알려 주는 속담이에요.

 괄호에 들어갈 낱말은 무엇일까요?
알맞은 의태어에 ○표해 보세요.

> 꿀tip
> **의태어**는 사람이나 사물의 모양이나 움직임을 흉내 낸 말이에요.

> 다음 날 (허둥지둥 / 깡충깡충) 급하게 챙기려다, 중요한 물건을 빠뜨린 경험이 있어요.

 이 글의 내용을 잘 이해했는지 확인해 볼까요?
이 글의 내용이 아닌 것을 찾아 체크해 보세요.

- 일이 벌어지기 전에 미리 준비하는 게 중요해요. ☐
- 외양간은 소의 잘못된 행동을 바로잡는 곳이에요. ☐
- 어떤 일이 벌어진 뒤에야 바로잡으려는 행동은 어리석어요. ☐

 이 글의 내용을 한 문장으로 써 볼까요?
다음 문장을 틀린 부분을 고쳐 바르게 써 보세요.

> 어떤 일이 벌어진 뒤에야 바로잡으려는 행동은 소 잃고 외양간 고치는 것처럼 지혜로워요.

| 1일 | 온라인 학교가 생긴다면? | 사회 |
| 2일 | 태양광 에너지의 무한한 가능성 | 과학 |
| 3일 | 종이의 멋진 변신 | 예술 |
| 4일 | 영원할 것만 같았던 로마 제국 | 역사 |
| 5일 | 전자 화폐, 미래의 돈이 될 수 있을까? | 경제 |

## 온라인 학교가 생긴다면?

**3달 2주 / 1일 사회**

**핵심어 체크** ☑ 다음 낱말을 알고 있는지 체크해 보세요.

☐ 온라인   ☐ 채팅   ☐ 팀

낱말 풀이 동영상

줄줄줄 읽기

　아침 8시, 시완이는 눈을 떴어요. 시완이는 온라인 학교에 다니기 때문에, 학교에 가지 않고 노트북이나 컴퓨터로 수업을 들어요. 첫 교시는 수학이었어요. 선생님이 화면에 나타나자, 시완이는 미리 준비해 둔 교과서와 노트를 꺼냈어요. 오늘 배울 내용은 분수였어요. 선생님이 화면에 피자를 여러 조각으로 나누는 그림을 보여 주었어요. 시완이는 화면을 보면서 열심히 공부했어요.

　"1/8은 피자 한 조각, 1/4은 두 조각!!"

　선생님이 질문하면, 시완이는 손들기 기능을 이용하거나 채팅창에 답을 적으며 수업에 참여했어요. 다른 친구들도 각자 집에서 집중하며 문제를 풀었어요. 친구들과 팀을 나눠 문제를 풀고, 답을 맞히는 활동도 했어요. 시완이는 집에서 혼자 수업을 들었지만, 마치 친구들과 함께 공부하는 것 같았어요. 점심시간이 되자, 시완이는 급식이 아닌 엄마가 만들어 준 점심을 먹었어요. 그러고 나서 다시 노트북 앞으로 돌아가 오후 수업을 준비했어요.

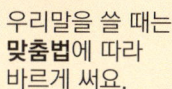

우리말을 쓸 때는 **맞춤법**에 따라 바르게 써요.

괄호에 들어갈 낱말은 무엇일까요?
**맞춤법**에 맞게 바르게 쓴 낱말에 ◯표해 보세요.

> 친구들과 팀을 나눠 문제를 풀고, 답을 (맞추는 / 맞히는) 활동을 해요.

이 글의 내용을 잘 이해했는지 확인해 볼까요?
이 글의 내용이 **아닌 것**을 찾아 체크해 보세요.

- 온라인 학교는 학교에 가지 않아요. ☐
- 온라인 학교는 수업에 참여하기 어려워요. ☐
- 온라인 학교는 집에서 혼자 수업을 들어요. ☐

이 글의 내용을 한 문장으로 써 볼까요?
다음 문장을 **틀린 부분**을 고쳐 바르게 써 보세요.

> 온라인 학교는 학교에 가서 노트북이나 컴퓨터로 수업을 듣지만, 수업에 참여할 수 있어요.

## 태양광 에너지의 무한한 가능성

**핵심어 체크** ✓ 다음 낱말을 알고 있는지 체크해 보세요.

☐ 에너지원    ☐ 태양광    ☐ 무한

   태양은 정말 놀라운 에너지원이에요. 밝고 따뜻할 뿐만 아니라, 전기를 만들어 낼 수도 있어요. 태양 빛으로 만든 에너지를 태양광 에너지라고 해요.

   태양광 에너지는 환경을 보호할 수 있어요. 태양광 에너지를 만들 때는 오염 물질이 나오지 않아요. 석탄이나 기름을 태우면 이산화탄소가 나와 지구 온난화를 일으켜요. 하지만 태양광 에너지는 태양 빛을 그대로 사용하기 때문에 환경에 해를 끼치지 않아요.

   태양광 에너지를 만들려면 태양광 패널이라는 특별한 장치가 필요해요. 이 패널은 태양 빛을 받아 전기로 바꿔 줘요. 이렇게 만들어진 전기는 우리가 집에서 불을 켜거나, 전자 제품을 사용하는 데 써요. 태양 빛은 매일매일 쏟아지므로 태양은 무한한 에너지원이에요. 특히, 해가 잘 드는 곳에서는 태양광 에너지를 더 많이 만들어 낼 수 있어요. 미래에는 태양광 에너지를 더 사용하게 될 거예요.

태양광 패널이 설치된 주차장

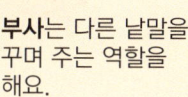
**부사**는 다른 낱말을 꾸며 주는 역할을 해요.

괄호에 들어갈 낱말은 무엇일까요?
알맞은 부사에 ○표해 보세요.

> 태양 빛은 (매일매일 / 더) 쏟아지므로 미래에는 태양광 에너지를
> (매일매일 / 더) 사용할 거예요.

이 글의 내용을 잘 이해했는지 확인해 볼까요?
이 글의 내용이 아닌 것을 찾아 체크해 보세요.

- 태양광 에너지는 태양 빛으로 만들어요. ☐
- 태양광 에너지는 무한히 만들어 낼 수 있어요. ☐
- 태양광 에너지는 이산화탄소가 나와 환경에 해를 끼치지 않아요. ☐

이 글의 내용을 한 문장으로 써 볼까요?
다음 문장을 틀린 부분을 고쳐 바르게 써 보세요.

> 태양광 에너지는 환경에 해를 끼치지 않고, 유한히 만들어 낼 수 있어요.

# 종이의 멋진 변신

**3달 / 2주 / 3일 / 예술**

**핵심어 체크** ☑ 다음 낱말을 알고 있는지 체크해 보세요.

☐ 재료   ☐ 창의력   ☐ 질감

낱말 풀이 동영상

줄줄줄 읽기

  우리가 흔히 쓰는 종이를 이용해 멋진 예술 작품을 만들 수 있어요. 종이를 접거나 오리거나 붙여서 종이 예술 작품을 만드는 거예요. 매우 간단한 재료, 즉 종이 한 장으로도 다양한 형태의 작품을 만들 수 있어요. 또한 손으로 직접 만지며 모양을 만들기 때문에 창의력을 기를 수 있어요. 종이의 두께나 색깔, 질감에 따라 느낌이 전혀 다른 작품을 만들 수 있는 특징도 있어요.

  "오리고 접었는데 예쁜 종이 작품이 만들어지다니 신기해요!"

  '오리가미'라고 불리는 일본식 종이접기는 종이를 자르지 않고 접어서 모양을 만들어요. 종이 한 장으로 학이나 배, 꽃 같은 모양을 만들 수 있어요. 캐나다의 '캘빈 니콜스'라는 예술가는 종이를 정교하고 섬세하게 잘라 동물이나 인물의 모습을 세밀하게 표현한 작품으로 유명해요.

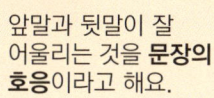
앞말과 뒷말이 잘 어울리는 것을 **문장의 호응**이라고 해요.

괄호에 들어갈 낱말은 무엇일까요?
문장에 호응하는 알맞은 낱말에 ○표해 보세요.

> 종이 한 장으로도 다양한 형태의 작품을 (기를 / 만들) 수 있는 종이 예술을 통해 창의력을 기를 수 (있어요 / 없어요).

이 글의 내용을 잘 이해했는지 확인해 볼까요?
이 글의 내용이 아닌 것을 찾아 체크해 보세요.

- 종이 예술은 우리가 흔히 쓰는 종이를 이용해요. ☐
- 종이 한 장으로는 종이 예술 작품을 만들 수 없어요. ☐
- 종이의 두께나 색깔, 질감에 따라 느낌이 다른 작품을 만들 수 있어요. ☐

이 글의 내용을 한 문장으로 써 볼까요?
다음 문장을 틀린 부분을 고쳐 바르게 써 보세요.

> 우리가 흔히 쓰는 나무를 접거나 오리거나 붙여서 멋진 종이 예술 작품을 만들 수 있어요.

## 영원할 것만 같았던 로마 제국

**핵심어 체크** ☑ 다음 낱말을 알고 있는지 체크해 보세요.

☐ 전성기   ☐ 기원후   ☐ 멸망

　옛날 로마 제국은 유럽, 아시아, 아프리카에 넓게 퍼져 있었던 아주 큰 나라였어요. 오늘날 이탈리아에 있는 로마라는 도시에서 시작해 주변 나라들을 하나씩 정복하며 점점 더 강한 나라가 되었죠. 로마 제국의 전성기는 정말 대단했어요. 탄탄한 도로와 멋진 건축물을 많이 만들었고, 법률과 문화가 높은 수준에 이르렀어요.

　하지만 영원히 전성기만 누리는 국가는 없는 법, 로마 제국도 점점 약해졌어요. 로마 제국이 너무 커져서 넓은 땅을 관리하기 힘들었고, 경제적으로도 어려움을 겪었어요. 전쟁에 많은 돈을 쓰다 보니 나라 살림이 어려워졌고, 백성들의 삶도 힘들어졌죠. 게다가 몇몇 지도자들이 정치를 잘못해서 나라가 혼란스러워졌어요.

　결국 로마 제국은 동서로 분열되어, 기원후 476년에 서로마 제국이 멸망했어요. 하지만 로마 제국이 남긴 문화는 전 세계에 큰 영향을 미쳤어요.

콜로세움

**접속 부사**는 문장과 문장 사이를 연결하여 뜻을 분명하게 해 줘요.

괄호에 들어갈 낱말은 무엇일까요?
알맞은 접속 부사에 ○표해 보세요.

로마 제국의 전성기는 정말 대단했어요. (그리고 / 하지만) 로마 제국도 점점 약해졌어요.

이 글의 내용을 잘 이해했는지 확인해 볼까요?
이 글의 내용이 아닌 것을 찾아 체크해 보세요.

- 로마 제국이 남긴 문화는 전 세계에 큰 영향을 미쳤어요. ☐
- 로마 제국은 주변 나라들을 정복하며 강한 나라가 되었어요. ☐
- 로마 제국은 아시아에 세워져 아프리카로 넓게 퍼져 있었어요. ☐

이 글의 내용을 한 문장으로 써 볼까요?
다음 문장을 틀린 부분을 고쳐 바르게 써 보세요.

좁은 땅을 다스렸던 로마 제국은 멸망했지만, 로마 제국이 남긴 문화는 전 세계에 영향을 미쳤어요.

## 전자 화폐, 미래의 돈이 될 수 있을까?

**핵심어 체크** ☑ 다음 낱말을 알고 있는지 체크해 보세요.

☐ 단말기   ☐ 현금   ☐ 거스름돈

전자 화폐는 현금을 사용하지 않고 스마트폰이나 컴퓨터로 충전하고 결제하는 화폐를 말해요. 예전에는 사람들이 지폐나 동전을 직접 주고받았지만, 이제는 전자 화폐를 이용해 디지털 방식으로 결제해요. 버스나 지하철에서 교통 카드를 단말기에 찍거나, 물건을 사면서 카카오페이나 삼성페이 같은 앱으로 결제하는 방식이에요.

전자 화폐는 편리해요. 현금을 가지고 다니지 않아도 스마트폰 하나만 있으면 물건을 살 수 있고, 돈을 주고받을 수 있어요. 전자 화폐는 안전해요. 현금은 잃어버리면 찾기 힘들지만, 전자 화폐는 안전한 시스템을 통해 돈을 안전하게 관리할 수 있어요. 빠르게 결제할 수 있는 것도 전자 화폐의 장점이에요. 현금을 꺼내고 거스름돈을 받는 대신, 한 번의 터치로 결제를 끝낼 수 있어요.

언젠가 지폐와 동전 없이 모든 결제를 전자 화폐로 하는 날이 오지 않을까요?

> 꿀tip
> 돈을 주고받아 서로 거래하는 일은 **결제**라고 써요.

괄호에 들어갈 낱말은 무엇일까요?
알맞은 낱말에 ○표해 보세요.

전자 화폐를 이용해 디지털 방식으로 (**결제** / 결재)해요.

이 글의 내용을 잘 이해했는지 확인해 볼까요?
이 글의 내용이 아닌 것을 찾아 체크해 보세요.

- 전자 화폐는 빠르게 결제할 수 있는 장점이 있어요.
- 전자 화폐를 이용해 지폐나 동전을 직접 주고받아요.
- 전자 화폐는 현금을 사용하지 않고 디지털 방식으로 결제해요.

이 글의 내용을 한 문장으로 써 볼까요?
다음 문장을 틀린 부분을 고쳐 바르게 써 보세요.

현금을 사용하지 않고 디지털 방식으로 결제하는 전자 화폐는 편리하고, 안전하고, 빠르다는 단점이 있어요.

**1일** 대통령은 어떤 일을 할까요? — 정치

**2일** 조선 시대 왕의 하루 — 역사

**3일** 일석이조, 두 마리 새를 잡아라! — 사자성어

**4일** 세계를 연결해 주는 세계화 — 경제

**5일** 도마 위에 오르다 — 관용어

## 대통령은 어떤 일을 할까요?

**핵심어 체크** ☑ 다음 낱말을 알고 있는지 체크해 보세요.

☐ 지도자  ☐ 일자리  ☐ 국방

낱말 풀이 동영상

　우리나라 대통령은 정치와 경제를 책임지고, 국민을 위해 중요한 결정을 내리는 지도자예요. 우리나라 대통령은 선거를 통해 국민이 직접 뽑아요. 가장 많은 표를 받은 사람이 대통령이 되지요.

　대통령은 어떤 일을 할까요? 첫째, 대통령은 국회에서 만든 법을 국민이 잘 지키고 실행할 수 있도록 도와요. 법이 잘 지켜져야 사람들 사이에 질서가 생기고, 모두가 안전하고 공평하게 살 수 있어요. 둘째, 대통령은 경제를 발전시키기 위해 힘써요. 사람들이 일자리를 찾고, 더 나은 삶을 살 수 있도록 관리해요. 셋째, 대통령은 국방도 책임져요. 군대를 관리하고, 다른 나라의 공격으로부터 우리나라를 보호해요. 국방이 튼튼해야 국민이 안전하게 살 수 있어요. 넷째, 대통령은 외교에도 힘써요. 다른 나라와 협력하며, 우리나라가 세계에서 좋은 위치에 있도록 도와요. 외교는 다른 나라와 관계를 잘 유지하고, 평화를 지키는 데 중요한 역할을 해요.

오랫동안 우리나라 대통령 관저였던 청와대

괄호에 들어갈 낱말은 무엇일까요?
바르게 쓴 **낱말**에 ○표해 보세요.

> 꿀tip
> **표기**와 **발음**이 서로 다른 낱말을 잘 구분해서 써요.

법이 잘 지켜져야 사람들 사이에 (질서 / 질써)가 생기고, (국빵 / 국방)이 튼튼해야 국민이 안전하게 살 수 있어요.

이 글의 내용을 잘 이해했는지 확인해 볼까요?
이 글의 내용이 **아닌 것**을 찾아 체크해 보세요.

- 우리나라 대통령은 정치와 경제를 책임져요. ☐
- 우리나라 대통령은 선거를 통해 국회의원이 뽑아요. ☐
- 우리나라 대통령은 국방을 튼튼히 하고, 외교에도 힘써야 해요. ☐

이 글의 내용을 한 문장으로 써 볼까요?
다음 문장을 **틀린 부분**을 고쳐 바르게 써 보세요.

우리나라 외교관은 정치와 경제를 책임지고, 국방과 외교에 힘쓰는 지도자예요.

## 조선 시대 왕의 하루

**핵심어 체크** ☑ 다음 낱말을 알고 있는지 체크해 보세요.

☐ 경연(經筵)  ☐ 조정(朝廷)  ☐ 눈코

낱말 풀이 동영상

조선 시대 왕은 나라를 다스리는 중요한 역할을 하느라 하루를 매우 바쁘게 보냈어요. 조선 시대 왕이 어떻게 하루를 보냈는지 알아볼까요?

왕의 하루는 이른 아침부터 시작돼요. 왕은 일어나면 세수하고 옷을 단정하게 입었어요. 그러고 나서 경연에 참석했어요. 경연은 왕이 신하들과 공부하며 나라를 잘 다스리는 방법을 연구하는 일이에요. 경연이 끝나면 왕은 신하들과 나라의 중요한 일을 의논했어요. 이 일을 조정 회의라고 해요.

점심을 먹고 나면, 왕은 휴식 시간을 가졌어요. 궁궐에 있는 정원을 산책하거나, 책을 읽으며 잠깐의 여유를 즐겼죠. 가끔은 사냥이나 활쏘기를 하며 몸을 단련하기도 했어요. 오후에는 밀린 문서를 검토하거나, 법을 만드는 일에 참여했어요.

어때요? 조선 시대 왕의 하루는 눈코 뜰 새 없는 것 같나요?

 밑줄 친 관용 표현은 무슨 뜻일까요?
괄호에서 알맞은 뜻을 찾아 ○표해 보세요.

**꿀tip**
관용 표현은 여러 단어가 어울려 새로운 뜻으로 굳어진 말이에요.

> 조선 시대 왕의 하루는 <u>눈코 뜰 새 없는</u> 것 같아요.
> (눈과 코가 없는 / 정신 못 차리게 몹시 바쁜 / 눈과 코가 아픈)

 이 글의 내용을 잘 이해했는지 확인해 볼까요?
이 글의 내용이 아닌 것을 찾아 체크해 보세요.

- 조선 시대 왕은 경연에 참석했어요. ☐
- 경연은 왕이 혼자 공부하는 것을 말해요. ☐
- 조선 시대 왕의 하루는 이른 아침부터 시작돼요. ☐

 이 글의 내용을 한 문장으로 써 볼까요?
다음 문장을 틀린 부분을 고쳐 바르게 써 보세요.

> 조선 시대 왕은 나라를 다스리는 중요한 역할을 하느라 하루를 매우 빠르게 보냈어요.

## 3주 / 3일 — 사자성어

# 일석이조, 두 마리 새를 잡아라!

**핵심어 체크** ✅ 다음 낱말을 알고 있는지 체크해 보세요.

☐ 고민  ☐ 이득  ☐ 우정

낱말 풀이 동영상

읽기

옛날에 한 사냥꾼이 있었어요. 어느 날 사냥꾼은 숲속에서 새 두 마리를 발견했어요. 사냥꾼은 어떻게 하면 두 마리 새를 모두 잡을 수 있을까 고민했어요.

"옳지! 돌을 이렇게 던지면 두 마리 새를 모두 맞힐 수 있을 거야."

정말 사냥꾼은 돌 하나를 던져 두 마리 새를 모두 잡았어요.

'일석이조'라는 말은 이 이야기에서 왔어요. 한 개의 돌로 두 마리 새를 잡는 것처럼 한 번에 두 가지 이득을 얻는다는 뜻이에요.

우리 생활에서도 '일석이조'와 같은 상황을 만들 수 있어요. 예를 들어, 체육 시간에 친구들과 함께 운동하면서 즐겁게 지낼 수 있어요. 건강도 챙기고, 친구들과 우정도 쌓으니 이게 바로 '일석이조'죠! 공부할 때는 친구와 함께 문제를 풀어 보면 어떨까요? 그러면 더 재미있게 공부할 수 있고, 친구와 관계도 좋아질 거예요.

밑줄 친 사자성어를 따라 써 볼까요?
뜻을 생각하며 한자와 한글 모두 따라 써 보세요.

> **꿀tip**
> 사자성어는 네 글자 한자로 이루어진 말이에요.

'일석이조'는 한 개의 돌로 두 마리 새를 잡는다는 뜻이에요.

| 一 | 石 | 二 | 鳥 |
|---|---|---|---|
| 한 일 | 돌 석 | 두 이 | 새 조 |

이 글의 내용을 잘 이해했는지 확인해 볼까요?
이 글의 내용이 아닌 것을 찾아 체크해 보세요.

- 친구와 함께 운동하면서 즐겁게 지내면 '일석이조'예요. ☐
- '일석이조'는 한 번에 두 가지 이득을 얻는다는 뜻이에요. ☐
- '일석이조'는 두 개의 돌로 한 마리 새를 잡는다는 뜻이에요. ☐

이 글의 내용을 한 문장으로 써 볼까요?
다음 문장을 틀린 부분을 고쳐 바르게 써 보세요.

'일석이조'는 두 번에 한 가지 이득을 얻는다는 뜻으로, 우리 생활에서도 '일석이조'와 같은 상황을 만들 수 있어요.

# 세계를 연결해 주는 세계화

3주 / 4일
경제

**핵심어 체크** ☑ 다음 낱말을 알고 있는지 체크해 보세요.

☐ 세계화   ☐ 장점   ☐ 해외

낱말 풀이 동영상

읽기

　세계화는 전 세계 사람들이 서로 연결되고 소통하는 것을 말해요. 예전에는 나라와 나라 사이에 거리가 멀어 정보를 주고받기 어려웠어요. 하지만 이제는 교통과 통신이 발달하여 세계 여러 나라와 쉽게 연결될 수 있어요.

　세계화의 장점은 여러 가지가 있어요. 첫째, 다른 나라의 물건을 쉽게 살 수 있어요. 해외에서 만든 장난감이나 옷을 인터넷으로 바로 주문할 수 있어요. 둘째, 새로운 문화를 배우고 다양한 친구들을 사귈 수 있어요. 서로 다른 문화를 이해하고 새로운 문화를 접할 기회가 생겼어요. 셋째, 서로 돕고 협력할 수 있어요. 한 나라에서 어려움을 겪으면, 다른 나라에서 도움을 주거나, 세계가 함께 도와주기도 해요.

　이처럼 세계화를 통해 전 세계가 더 가깝게 연결되고, 서로의 문화를 이해하며 함께 발전할 수 있어요.

괄호에 들어갈 수사는 무엇일까요?
알맞은 낱말에 ○표해 보세요.

> 꿀tip
> 순서나 양을 나타내는 낱말이 수사예요.

첫째, 다른 나라의 물건을 쉽게 사고 (**첫째** / **둘째**), 서로 돕고 협력할 수 있어요.

이 글의 내용을 잘 이해했는지 확인해 볼까요?
이 글의 내용이 아닌 것을 찾아 체크해 보세요.

- 세계화는 전 세계 사람들이 서로 소통하는 것을 말해요. ☐
- 세계화 덕분에 서로 다른 문화를 이해할 수 있는 기회를 얻어요. ☐
- 예전에는 교통과 통신이 발달하여 정보를 주고받기 어려웠어요. ☐

이 글의 내용을 한 문장으로 써 볼까요?
다음 문장을 틀린 부분을 고쳐 바르게 써 보세요.

세계화를 통해 전 세계가 더 멀게 연결되고, 서로의 문화를 오해하며 함께 발전할 수 있어요.

## 도마 위에 오르다

**핵심어 체크** ☑ 다음 낱말을 알고 있는지 체크해 보세요.

☐ 도마  ☐ 출마  ☐ 됨됨이

'도마 위에 오르다'라는 말을 들어 본 적 있나요? 이 말은 어떤 일이 사람들의 평가를 받거나 비판을 받게 된 상황을 말해요. 마치 요리사가 도마 위에 재료를 올려놓고 꼼꼼히 자르듯, 어떤 사람의 행동이나 결과를 평가하는 것을 비유한 표현이에요.

예를 들어, 학교에서 학급 임원을 뽑는 상황을 생각해 볼 수 있어요. 학급 임원으로 출마한 학생들은 마치 도마 위에 오른 것처럼, 그들의 됨됨이를 평가받아요. 됨됨이가 바르다면 칭찬을 받겠지만, 됨됨이가 부족하면 비판을 받을 거예요.

누구나 다른 사람에게 평가받는 상황이 생겨요. 다른 사람의 평가에 지나치게 신경 쓰다 보면 자신의 실력을 제대로 발휘하지 못할 수 있어요. 평가에 너무 마음 쓰지 않고, 자신이 노력한 그대로를 보여 줄 수 있는 게 중요해요. 어떤 결과가 나오더라도 너그럽게 인정하고 받아들이는 게 멋진 모습 아닐까요?

밑줄 친 낱말과 뜻이 비슷한 낱말은 무엇일까요?
괄호에서 알맞은 유의어를 찾아 ○표해 보세요.

> 꿀tip
> '비유하다'는 어떤 현상이나 사물에 빗대어 설명한다는 뜻이에요.

'도마 위에 오르다'라는 말은 어떤 사람의 행동이나 결과를 평가하는 것을 비유한 표현이에요.
( 비판한 / 빗댄 / 평가한 )

이 글의 내용을 잘 이해했는지 확인해 볼까요?
이 글의 내용이 아닌 것을 찾아 체크해 보세요.

- 누구나 다른 사람에게 평가받는 상황이 생겨요. ☐
- 요리사는 도마 위에 재료를 올려놓고 남을 평가하는 사람이에요. ☐
- 다른 사람의 평가에 신경 쓰지 말고 자신의 실력을 발휘하는 게 중요해요. ☐

이 글의 내용을 한 문장으로 써 볼까요?
다음 문장을 틀린 부분을 고쳐 바르게 써 보세요.

누구나 도마 위에 오를 수 있으므로 평가에 신경 쓰지 말고 남의 실력을 발휘하는 게 중요해요.

3달 4주

**1일** 민주주의의 꽃, 선거와 투표 — 정치

**2일** 조선의 해시계, 앙부일구 — 역사

**3일** 뛰는 놈 위에 나는 놈 있다 — 속담

**4일** 세계에서 가장 비싼 초콜릿 — 경제

**5일** 고진감래, 고생 끝에 즐거움이 온다 — 사자성어

## 민주주의의 꽃, 선거와 투표

**핵심어 체크** ☑ 다음 낱말을 알고 있는지 체크해 보세요.

☐ 민주주의  ☐ 정치  ☐ 선거

"국민의, 국민에 의한, 국민을 위한 정치!"

미국의 링컨 대통령이 한 말이에요. 민주주의를 설명하는 말로 매우 유명해요. 민주주의는 국민이 정치에 직접 참여해 나라의 중요한 결정을 내려요.

민주주의에서 국민은 어떻게 정치에 참여할까요? 학교를 예로 들면 반에서 학급 임원을 뽑을 때, 임원 선거를 하죠? 그리고 모두가 한 표씩 투표하고요. 선거와 투표, 민주주의에서 국민은 이 두 가지로 정치에 참여해요. 그래서 이 두 가지를 '민주주의의 꽃'이라고 해요. 민주주의가 이루어지기 위해 가장 중요한 요소이기 때문이에요. 투표를 통해 뽑힌 임원은 한 학기 동안 반 학생의 의견을 들으며 반을 이끌어요. 정치도 마찬가지예요. 국민이 대통령이나 국회의원을 투표로 뽑으면, 그들이 국민을 대신해 법이나 정책을 만들고 나라를 이끌어요.

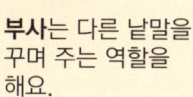
**부사**는 다른 낱말을 꾸며 주는 역할을 해요.

 괄호에 들어갈 낱말은 무엇일까요?
알맞은 **부사**에 ○표해 보세요.

> 국민이 정치에 (직접 / 가장) 참여해 결정을 내리는 민주주의에서 선거와 투표가 (직접 / 가장) 중요해요.

 이 글의 내용을 잘 이해했는지 확인해 볼까요?
이 글의 내용이 **아닌 것**을 찾아 체크해 보세요.

- 선거와 투표를 민주주의의 꽃이라고 해요. ☐
- 민주주의에서 국민은 모두가 두 표씩 투표해요. ☐
- 민주주의는 국민이 정치에 직접 참여해 나라의 중요한 결정을 내려요. ☐

 이 글의 내용을 한 문장으로 써 볼까요?
다음 문장을 **틀린 부분**을 고쳐 바르게 써 보세요.

> 민주주의에서 대통령은 선거와 투표로 정치에 직접 참여해 나라의 중요한 결정을 내려요.

# 조선의 해시계, 앙부일구

**핵심어 체크** ☑ 다음 낱말을 알고 있는지 체크해 보세요.

☐ 앙부일구　　☐ 가마솥　　☐ 문화유산

낱말 풀이 동영상

　앙부일구는 조선 시대에 사용한 해시계예요. 해시계는 태양의 위치를 이용해서 시간을 알려 주는 도구예요. 앙부일구는 1434년에 세종대왕이 장영실, 이천, 김조 등 뛰어난 과학자들과 함께 만들었어요. 백성들이 시간을 쉽게 알게 하려고 앙부일구를 만들었다고 해요.

　앙부일구는 가마솥 모양을 하고 있어요. 해가 떠오르면 안쪽에 그림자가 생기는데, 이 그림자가 어디에 생기느냐에 따라 시간을 알 수 있어요. 앙부일구 안쪽에는 선들이 새겨져 있어 시간을 쉽게 읽을 수 있어요. 앙부일구는 조선 시대 백성들에게 큰 도움이 되었어요.

　"해만 떠 있으면 시간을 알 수 있으니 정말 편리해!"

　앙부일구는 우리나라 과학 기술이 얼마나 뛰어났는지 보여 주는 중요한 문화유산이에요. 오늘날 그 가치를 인정받아 보물로 지정되었어요.

앙부일구

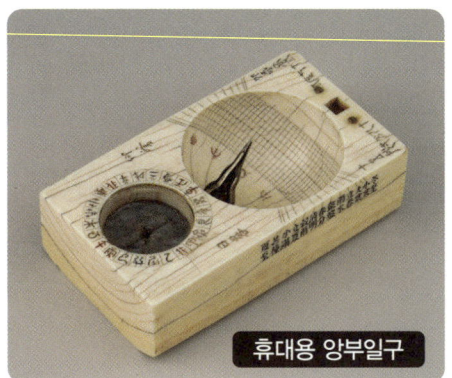

휴대용 앙부일구

 **문법 한 문장**

밑줄 친 낱말은 두 낱말이 합쳐진 합성어예요.
어떤 두 낱말이 합쳐졌는지 괄호에 써 보세요.

> 꿀tip
> 뜻이 있는 두 낱말이 합쳐져 이루어진 낱말을 **합성어**라고 해요.

앙부일구는 조선 시대에 사용한 **해시계**예요.

해시계 ➡ 해 + ( 　　　　 )

 **독해 한 문장**

이 글의 내용을 잘 이해했는지 확인해 볼까요?
이 글의 내용이 아닌 것을 찾아 체크해 보세요.

- 앙부일구는 조선 시대에 사용한 해시계예요. ☐
- 해가 떠오르면 앙부일구 안쪽에 얼룩이 생겨요. ☐
- 앙부일구는 우리나라 과학 기술이 얼마나 뛰어났는지 보여 줘요. ☐

 **쓰기 한 문장**

이 글의 내용을 한 문장으로 써 볼까요?
다음 문장을 틀린 부분을 고쳐 바르게 써 보세요.

앙부일구는 조선 시대에 사용한 물시계로 우리나라의 뛰어난 과학 기술을 보여 줘요.

# 뛰는 놈 위에 나는 놈 있다

**핵심어 체크** ☑ 다음 낱말을 알고 있는지 체크해 보세요.

☐ 거만　　☐ 교훈　　☐ 속담

낱말 풀이 동영상

'뛰는 놈 위에 나는 놈 있다'라는 말을 들어 봤나요? 어떤 일을 아무리 잘한다고 해도 더 잘하는 사람이 있다는 뜻이에요. 그러니까 매우 뛰어난 사람도 우쭐거리며 뽐내면 안 돼요. 세상은 넓고, 잘하는 사람은 많으니까요.

시험에서 높은 점수를 받아 1등을 해도 우쭐대거나 거만하게 행동해서는 안 돼요. 또 자기 점수에 만족하고 공부를 그만해서도 안 돼요. 왜냐하면 다음번 시험에서 다른 친구들이 더 노력해서 더 높은 점수를 받을 수 있기 때문이에요. 그러니 계속해서 노력해야 해요.

'뛰는 놈 위에 나는 놈 있다'라는 말은 노력에는 끝이 없다는 것, 지금 잘한다고 우쭐거리지 말아야 한다는 것을 알려 줘요. 아무리 잘하더라도 더 잘하는 사람이 있을 수 있으니, 자만하지 말고 계속 노력하라는 교훈을 주는 속담이에요.

 **문법 한 문장**

밑줄 친 속담과 뜻이 같은 것은 무엇일까요?
괄호에서 비슷한 속담을 찾아 ○표해 보세요.

> 꿀tip
> '난다 긴다 하다'는 재주나 능력이 남보다 뛰어나다는 뜻이에요.

'<u>뛰는 놈 위에 나는 놈 있다</u>'라는 말을 들어 봤나요?
( 난다 긴다 하다 / 나는 놈 위에 타는 놈 있다 )

 **독해 한 문장**

이 글의 내용을 잘 이해했는지 확인해 볼까요?
이 글의 내용이 아닌 것을 찾아 체크해 보세요.

- 어떤 일을 아무리 잘해도 더 잘하는 사람이 있을 수 있어요. ☐
- '뛰는 놈 위에 나는 놈 있다'라는 말은 자만하라는 교훈을 줘요. ☐
- '뛰는 놈 위에 나는 놈 있다'라는 말은 뛰어난 사람도 우쭐거리면 안 된다는 뜻이에요. ☐

 **쓰기 한 문장**

이 글의 내용을 한 문장으로 써 볼까요?
다음 문장을 틀린 부분을 고쳐 바르게 써 보세요.

'나는 놈 위에 뛰는 놈 있다'라는 말은 매우 뛰어난 사람도 우쭐거리면 안 된다는 교훈을 줘요.

## 세계에서 가장 비싼 초콜릿

**3달 4주 / 4일** 경제

**핵심어 체크** 다음 낱말을 알고 있는지 체크해 보세요.

☐ 맛보기　　☐ 기네스북　　☐ 인기

낱말 풀이 동영상

　세상에서 가장 비싼 초콜릿은 얼마일까요? 덴마크 사람이 만든 '라 마들렌 오 트뤼프(La Madeline au Truffe)'라는 초콜릿이 있어요. 이 초콜릿은 작은 조각 한 개가 300만 원이 넘는다고 해요. 맛보기로 살짝 먹어 본다고 해도 30만 원은 내야 하는 엄청난 가격이죠. 이 초콜릿은 가장 비싼 초콜릿으로 기네스북에도 올랐어요. 이 초콜릿이 비싼 이유는 귀한 프랑스산 송로버섯이 들어 있기 때문이에요.

　왜 이렇게 값비싼 초콜릿을 만드는 걸까요? 사람들은 물건의 가격이 비싸면, 그 물건이 특별하다고 생각해요. 쉽게 구할 수 없는 장난감이나 한정판 게임은 인기를 끌죠? 비싼 초콜릿도 더 귀하고 특별한 맛을 느낄 수 있다고 생각해서 인기를 끄는 거예요. 값비싼 초콜릿은 유명 인사들에게 선물로 많이 준다고 해요. 특별한 사람에게 특별한 걸 주고 싶은 마음이 작용했기 때문이에요.

다른 나라에서 들어와 우리말처럼 쓰이는 낱말이 **외래어**예요.

괄호에 들어갈 외래어는 무엇일까요?
바르게 쓰인 외래어에 ○표해 보세요.

> 한정판 (개임 / 게임)이 인기를 끄는 것처럼 비싼 (초콜릿 / 초콜렛)도 인기를 끌어요.

이 글의 내용을 잘 이해했는지 확인해 볼까요?
이 글의 내용이 아닌 것을 찾아 체크해 보세요.

- 라 마들렌 오 트뤼프는 스웨덴 사람이 만들었어요. ☐
- 라 마들렌 오 트뤼프에는 프랑스산 송로버섯이 들어 있어요. ☐
- 사람들은 물건의 가격이 비싸면 그 물건이 특별하다고 생각해요. ☐

이 글의 내용을 한 문장으로 써 볼까요?
다음 문장을 틀린 부분을 고쳐 바르게 써 보세요.

> 값싼 초콜릿이 인기를 끄는 이유는 물건의 가격이 비싸면 그 물건이 특별하다고 생각하기 때문이에요.

# 고진감래, 고생 끝에 즐거움이 온다

**핵심어 체크** ☑ 다음 낱말을 알고 있는지 체크해 보세요.

☐ 작물  ☐ 풍년  ☐ 고생

낱말 풀이 동영상

줄줄줄 읽기

옛날에 한 농부가 있었어요. 한 해 동안 열심히 일했지만, 가뭄 때문에 작물이 잘 자라지 않았어요. 하지만 농부는 포기하지 않고, 계속 땅을 돌보고 물을 구해 작물을 키웠어요. 마침내 비가 내려 작물이 풍성하게 자랐고, 풍년을 맞이할 수 있었어요. 이처럼 힘든 시간을 잘 이겨 내면 언젠가 행복한 결과를 얻을 수 있어요.

'고진감래'는 고생 끝에 즐거움이 온다는 뜻이에요. 어려운 일이나 힘든 일이 끝나면, 그 뒤에 즐겁고 행복한 일이 찾아온다는 의미를 담고 있어요. 예를 들어, 힘들더라도 놀고 싶은 마음을 참으며 열심히 공부한다면 좋은 성적을 받는 기쁨을 누릴 수 있어요. 끝까지 최선을 다하면 언젠가 좋은 결과를 얻을 수 있어요.

'고진감래'는 어려운 일이 끝나면 행복이 온다는 것을 강조하는 말이에요. 그래서 힘든 순간이 와도 포기하지 않고 계속 노력하는 것이 중요해요.

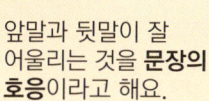
앞말과 뒷말이 잘 어울리는 것을 **문장의 호응**이라고 해요.

괄호에 들어갈 낱말은 무엇일까요?
문장에 호응하는 알맞은 낱말에 ○표해 보세요.

> 끝까지 최선을 (더하면 / 다하면) 좋은 결과가 우리를 기다리고 있어요.

이 글의 내용을 잘 이해했는지 확인해 볼까요?
이 글의 내용이 아닌 것을 찾아 체크해 보세요.

- '고진감래'는 고생 끝에 즐거움이 온다는 뜻이에요. ☐
- 힘든 순간이 와도 포기하지 않고 노력하는 것이 중요해요. ☐
- '고진감래'는 어려운 일이 없으면 행복이 온다는 것을 강조해요. ☐

이 글의 내용을 한 문장으로 써 볼까요?
다음 문장을 틀린 부분을 고쳐 바르게 써 보세요.

> '고진감래'는 어려운 일이 끝나면 불행이 온다는 것을 강조하는 말이에요.

# 정답

| **1달** | 1주, 2주, 3주, 4주 | 154~155쪽 |
| **2달** | 1주, 2주, 3주, 4주 | 156~157쪽 |
| **3달** | 1주, 2주, 3주, 4주 | 158~159쪽 |

# 1달

## 1주

### 1일 — 11쪽
| | |
|---|---|
| 문법 | 화면을 보다가 중요한 설명을 놓칠 수 있고, 갑자기 게임 관련 영상을 볼 수 있어요. |
| 독해 | 스마트폰 화면을 보면서 중요한 설명을 들을 수 있어요. |
| 쓰기 | 스마트폰은 편리한 도구지만, 수업 시간에 스마트폰을 보면 수업에 집중하기 어려워요. |

### 2일 — 13쪽
| | |
|---|---|
| 문법 | 조금씩 |
| 독해 | 북극곰이 먹이를 잡을 수 있는 사냥터가 늘어나고 있어요. |
| 쓰기 | 지구 온난화로 북극의 얼음이 줄어들면서 북극곰이 점점 사라지고 있어요. |

### 3일 — 15쪽
| | |
|---|---|
| 문법 | 애니메이션 기술이 발전하면서, 1920년대에 '미키 마우스' 캐릭터가 큰 인기를 끌었어요. |
| 독해 | 애니메이션의 시작은 18세기로 거슬러 올라가요. |
| 쓰기 | 애니메이션은 기술이 발전하면서 더욱 나아졌고, 사람들은 애니메이션을 보며 다양한 이야기를 즐겼어요. |

### 4일 — 17쪽
| | |
|---|---|
| 문법 | 독립운동가는 우리나라가 일본의 식민지였을 때 목숨을 걸고 싸운 분들이에요. |
| 독해 | 독립운동가의 용기와 희생 없이 일본의 지배에서 벗어났어요. |
| 쓰기 | 나라를 되찾기 위해 목숨을 걸고 싸운 독립운동가의 헌신과 희생에 감사하는 마음을 가져야 해요. |

### 5일 — 19쪽
| | |
|---|---|
| 문법 | '갈수록 태산'은 어려운 일이 시간이 갈수록 더 큰 어려움으로 다가오는 상황을 가리켜요. |
| 독해 | 어떤 문제가 해결되면 '갈수록 태산'이라고 표현해요. |
| 쓰기 | '갈수록 태산'처럼 상황이 점점 더 어려워지더라도 차근차근 해결하다 보면 이겨 낼 수 있어요. |

## 2주

### 1일 — 23쪽
| | |
|---|---|
| 문법 | 부족하고 |
| 독해 | 아프리카, 동남아시아에서 인구가 급격히 줄고 있어요. |
| 쓰기 | 인구가 늘어나면(많아지면) 환경이 파괴되고 식량이 모자라므로 인구 문제에 더욱 관심을 가져야 해요. |

### 2일 — 25쪽
| | |
|---|---|
| 문법 | 밤에 고양이 눈이 반짝반짝 빛나는 걸 본 적 있나요? |
| 독해 | 고양이는 주로 낮에 활동하는 동물이에요. |
| 쓰기 | 고양이의 눈이 밤에 반짝이는 이유는 눈 안 세포층에 있는 구아닌이 빛을 반사하기 때문이에요. |

### 3일 — 27쪽
| | |
|---|---|
| 문법 | ③ 춤 |
| 독해 | 브레이크 댄스는 느린 음악에 맞춰 몸을 움직이는 춤이에요. |
| 쓰기 | 힙합은 음악, 춤, 패션을 포함한 특별한 문화로, 뉴욕 거리에서 시작되어 전 세계로 퍼져 나갔어요. |

### 4일 — 29쪽
| | |
|---|---|
| 문법 | 돈을 버는 |
| 독해 | 저축은 손해를 볼 수 있는 위험이 따라와요. |
| 쓰기 | 저축과 투자는 돈이 많이 필요할 때를 대비할 수 있어서 중요해요. |

### 5일 — 31쪽
| | |
|---|---|
| 문법 | 살 |
| 독해 | '구사일생'은 죽음을 두려워하지 않는 용기를 뜻해요. |
| 쓰기 | 아홉 번 죽을 뻔하다 한 번 살아난다는 '구사일생'처럼 어려운 순간에도 포기하면 안 돼요. |

## 3주

### 1일_ 35쪽

| | |
|---|---|
| 문법 | 인터넷에서 예절을 지키지 않으면 다른 사람에게 상처를 줄 수 있어요. |
| 독해 | 인터넷에서 예절을 지키면 다른 사람에게 상처를 줄 수 있어요. |
| 쓰기 | 인터넷은 우리가 소통하는 멋진 공간이므로, 모두가 즐거울 수 있도록 디지털 시민 의식을 길러야 해요. |

### 2일_ 37쪽

| | |
|---|---|
| 문법 | 바깥 |
| 독해 | 자외선은 눈에 보이지 않지만, 피부에 좋아요. |
| 쓰기 | 자외선으로부터 피부를 보호하려면 자외선 차단제를 꼭 발라야 해요. |

### 3일_ 39쪽

| | |
|---|---|
| 문법 | 가야금은 손가락으로 줄을 튕겨 소리 내는 악기이고, 장구는 북처럼 두드리는 악기예요. |
| 독해 | 가야금은 한쪽은 높은 소리를, 다른 쪽은 낮은 소리를 내요. |
| 쓰기 | 우리나라의 전통 악기는 소리 하나하나에 자연과 사람의 마음을 담아내어 독특하고 아름다워요. |

### 4일_ 41쪽

| | |
|---|---|
| 문법 | 나라∨간에∨필요한∨물건을∨서로∨사고파는∨무역을∨통해∨이익을∨얻을∨수∨있어요. |
| 독해 | 모든 나라가 똑같은 농작물을 키울 수 있어요. |
| 쓰기 | 무역은 나라와 나라가 서로 물건을 사고파는 것으로, 서로 필요한 것을 채우며 이익을 얻을 수 있어요. |

### 5일_ 43쪽

| | |
|---|---|
| 문법 | 개가 닭을 쫓고 있었는데, 닭이 지붕 위로 훌쩍 올라가 버렸어요. |
| 독해 | '닭 쫓던 개 지붕 쳐다본다'라는 속담은 서로 아무 생각 없이 보는 모습을 이르는 말이에요. |
| 쓰기 | '닭 쫓던 개 지붕 쳐다본다'라는 말은 열심히 노력했지만, 성공하지 못해 아쉬운 상황에서 사용해요. |

## 4주

### 1일_ 47쪽

| | |
|---|---|
| 문법 | 어떤 농부들은 열심히 일했는데요 일한 대가를 공정하게 못 받아요. |
| 독해 | 공정 무역은 생산자에게 부당한 값을 주고 물건을 사는 걸 말해요. |
| 쓰기 | 공정 무역은 일하는 사람들이 더 나은 삶을 살도록 이끌고, 세상을 더 나은 방향으로 바꿀 수 있어요. |

### 2일_ 49쪽

| | |
|---|---|
| 문법 | 텔레비전이나 컴퓨터를 사용하지 않을 때는 꺼 두는 습관을 길러요. |
| 독해 | 지구의 자원이 없어지는 것을 막으려면 자원을 쓰지 말아야 해요. |
| 쓰기 | 지구의 자원이 없어지는 것을 막으려면 물과 전기를 아껴 쓰고, 쓰레기를 줄이려고 노력해요. |

### 3일_ 51쪽

| | |
|---|---|
| 문법 | 뮤지컬은 음악이 매우 중요한 역할을 하지만, 연극은 노래나 춤이 거의 나오지 않아요. |
| 독해 | 뮤지컬과 연극은 각각 같은 방식으로 관객에게 이야기를 전달해요. |
| 쓰기 | 뮤지컬은 노래와 춤으로 이야기를 전달하고, 연극은 대사와 연기로 이야기를 전달하는 공연이에요. |

### 4일_ 53쪽

| | |
|---|---|
| 문법 | ① 도자기 |
| 독해 | 고려청자는 조선 시대의 문화적 우수성을 보여 주는 유물이에요. |
| 쓰기 | 맑고 고운 푸른빛과 섬세하고 아름다운 모양으로 유명한 고려청자는 우리나라의 소중한 문화유산이에요. |

### 5일_ 55쪽

| | |
|---|---|
| 문법 | '누워서 떡 먹기'라는 말은 어떤 일이 너무 쉬워서 힘들이지 않고 쉽게 해냈을 때 사용해요. |
| 독해 | 누워서 떡을 먹으려면 무척 힘이 들어요. |
| 쓰기 | '누워서 떡 먹기'는 어떤 일이 너무 쉬워서 힘들이지 않고 쉽게 해냈을 때 사용하는 말이에요. |

## 2달

### 1주

| | 1일_ | 59쪽 |
|---|---|---|
| 문법 | 숲 + ( 속 ) | |
| 독해 | 미래 교실에서는 필요한 정보를 책에서 찾아요. | |
| 쓰기 | 미래 교실에서는 칠판이 사라지고 종이로 된 교과서를 쓰지 않아요. | |

| | 2일_ | 61쪽 |
|---|---|---|
| 문법 | ④ 먼지 | |
| 독해 | 대중교통을 이용하면 대기 오염이 심해져요. | |
| 쓰기 | 우리 몸뿐만 아니라 지구 환경에도 나쁜 (좋지 않은) 대기 오염을 막기 위해 함께 노력해요. | |

| | 3일_ | 63쪽 |
|---|---|---|
| 문법 | 디지털∨아트∨덕분에∨예술가들은∨새로운∨방식으로∨자신들의∨생각을∨표현할∨수∨있어요. | |
| 독해 | 전통적인 그림은 영상, 애니메이션, 가상 현실 기술을 활용해요. | |
| 쓰기 | 디지털 아트는 예술과 기술이 어우러진 새로운 형태의 예술로 매우 다양한 방식으로 작품을 만들 수 있어요. | |

| | 4일_ | 65쪽 |
|---|---|---|
| 문법 | 세계 4대 문명은 아주 오래전부터 사람들이 모여 살면서 문명을 이루었던 중요한 네 곳을 말해요. | |
| 독해 | 이집트 문명은 이집트강 주변에서 발전했어요. | |
| 쓰기 | 세계 4대 문명은 서로 다른 지역에서 시작되었지만, 사람들이 모여 살면서 문명을 이루었던 중요한 곳이에요. | |

| | 5일_ | 67쪽 |
|---|---|---|
| 문법 | '콩 심은 데 콩 나고 팥 심은 데 팥 난다'라는 말처럼 어떤 일이든 원인에 따라 결과가 달라질 수 있어요. | |
| 독해 | 밭에 콩을 심었는데 팥이 자랄 수 있어요. | |
| 쓰기 | '콩 심은 데 콩 나고 팥 심은 데 팥 난다'라는 말은 일의 원인에 따라 결과가 걸맞게 나타난다는 뜻이에요. | |

### 2주

| | 1일_ | 71쪽 |
|---|---|---|
| 문법 | ⑤ 잃으면 | |
| 독해 | 초등학생은 공유 킥보드를 탈 수 있어요. | |
| 쓰기 | 초등학생은 공유 킥보드를 타는 데 필요한 면허를 딸 수 없고, 공유 킥보드는 초등학생이 타기에 위험해요. | |

| | 2일_ | 73쪽 |
|---|---|---|
| 문법 | 몸 | |
| 독해 | 세포는 꼬인 사다리처럼 생겼어요. | |
| 쓰기 | DNA는 신체의 특징을 결정하고, 우리 몸이 건강하게 작동하도록 도와줘요. | |

| | 3일_ | 75쪽 |
|---|---|---|
| 문법 | ③ 춤 | |
| 독해 | 플라멩코는 탈을 쓰고 이야기를 몸으로 표현하는 춤이에요. | |
| 쓰기 | 유네스코에서 만든 '세계 춤의 날'은 춤을 통해 다른 나라의 문화를 이해하는 날이에요. | |

| | 4일_ | 77쪽 |
|---|---|---|
| 문법 | 이순신 장군이 영웅으로 인정받는 이유는 단지 싸움에서 이겼기 때문만은 아니에요. | |
| 독해 | 거북선은 등 위에 판을 덮어 적이 쉽게 공격할 수 있게 만든 배예요. | |
| 쓰기 | 이순신 장군은 임진왜란이 일어났을 때 나라를 지키기 위해 싸운 위대한 영웅이에요. | |

| | 5일_ | 79쪽 |
|---|---|---|
| 문법 | 국회의원은 법을 만들고, 국가 예산을 어디에 얼마나 쓸지 정하는 사람이에요. | |
| 독해 | 국회의원은 자신을 대표해서 일하는 사람이에요. | |
| 쓰기 | 국회의원은 국민을 대표해서 법을 만들고, 국가 예산을 정하는 사람이에요. | |

## 3주

### 1일_ 83쪽

| | |
|---|---|
| 문법 | 제멜바이스의 말이 맞는지 따져 보지도 않고 기존의 생각과 달라서 거부했어요. |
| 독해 | 불과 200년 전에도 사람들은 손 씻기가 중요하다고 생각했어요. |
| 쓰기 | 제멜바이스 반사 작용은 기존의 것에 반대되는 새로운 지식이나 생각을 반사적으로 거부하는 모습을 말해요. |

### 2일_ 85쪽

| | |
|---|---|
| 문법 | ③ 기름 |
| 독해 | 전기 자동차는 휘발유나 경유를 사용해요. |
| 쓰기 | 전기 자동차는 대기 오염을 줄이고, 환경을 보호할 수 있는 반면 배터리를 충전하는 데 시간이 오래 걸려요. |

### 3일_ 87쪽

| | |
|---|---|
| 문법 | 공연에 참가하며 |
| 독해 | 한류는 다른 나라 문화가 한국에서 인기를 끄는 현상을 말해요. |
| 쓰기 | 한국의 음악, 드라마, 영화, 패션 등이 다른 나라에서 인기를 끌며 전 세계에 한류 열풍이 불고 있어요. |

### 4일_ 89쪽

| | |
|---|---|
| 문법 | 지금으로부터∨약∨천∨년∨전에∨유럽은∨중세∨시대였어요. |
| 독해 | 중세 유럽은 전쟁과 싸움이 적었던 시기였어요. |
| 쓰기 | 중세 유럽에서 기사는 왕이나 귀족을 위해 싸우는 특별한 계급으로, 기사도라는 특별한 규칙을 따랐어요. |

### 5일_ 91쪽

| | |
|---|---|
| 문법 | ① 돈 |
| 독해 | 전 세계의 돈을 만드는 곳은 한국 조폐 공사예요. |
| 쓰기 | 우리가 사용하는 돈은 동전과 지폐가 있으며, 우리나라 동전과 지폐는 한국 조폐 공사에서 만들어요. |

## 4주

### 1일_ 95쪽

| | |
|---|---|
| 문법 | 직업이 다르다 보니, 돈을 벌거나 모으는 데도 차이가 생기게 돼요. |
| 독해 | 사람들이 처한 상황과 직업이 같아서 빈부 격차가 생겨요. |
| 쓰기 | 돈이 많은 사람과 적은 사람 사이에 생기는 빈부 격차를 해결하기 위해 노력해야 해요. |

### 2일_ 97쪽

| | |
|---|---|
| 문법 | 물이 얼음처럼 차갑고, 시간이 멈춘 듯 고요해요. |
| 독해 | 바다의 아주 깊은 곳, 심해는 매우 밝고 신비로워요. |
| 쓰기 | 심해는 어둡고 신비로운 곳으로 특이한 능력을 지닌 생물들이 살고 있어요. |

### 3일_ 99쪽

| | |
|---|---|
| 문법 | 사진∨예술은∨보고도∨쉽게∨지나칠∨수∨있는∨순간을∨포착해∨예술적인∨방식으로∨표현해요. |
| 독해 | 사진 예술은 추억을 기록하는 데 사용해요. |
| 쓰기 | 사진 예술은 순간을 포착해 이야기를 전달하고, 예술적인 방식으로 표현해요. |

### 4일_ 101쪽

| | |
|---|---|
| 문법 | 태극기는 대한민국을 상징하는 국기로, 대한민국의 독립과 자유를 상징하기 위해서 만들었어요. |
| 독해 | 태극기의 태극 문양은 검은색과 빨간색으로 이루어져 있어요. |
| 쓰기 | 태극기는 대한민국을 상징하는 국기로 세상 모든 게 서로 어울려 평화롭게 살아간다는 의미가 담겨 있어요. |

### 5일_ 103쪽

| | |
|---|---|
| 문법 | ① 어른 |
| 독해 | 경찰이나 소방관은 세금을 내지 않아요. |
| 쓰기 | 나라가 공공시설이나 교통 시설을 만들거나 여러 가지 일을 하기 위해서 국민에게 세금을 걷어요. |

# 3달

## 1주

### 1일_ 107쪽
| | |
|---|---|
| 문법 | 무인∨가게는∨첨단∨기술∨덕분에∨사람이∨없어도∨잘∨운영할∨수∨있어요. |
| 독해 | 무인 가게는 사람을 고용해서 운영해요. |
| 쓰기 | 손님이 직접 물건을 고르고 계산도 하는 무인 가게가 점점 많아지고 있어요. |

### 2일_ 109쪽
| | |
|---|---|
| 문법 | 바람을 타고 다른 나라에서 날아오는 미세 먼지도 있어요. |
| 독해 | 미세 먼지는 대기 오염을 줄여 환경에도 큰 피해를 줘요. |
| 쓰기 | 미세 먼지는 눈에 보이지 않을 정도로 작지만, 우리 몸에 해를 끼치고 환경에도 큰 피해를 줘요. |

### 3일_ 111쪽
| | |
|---|---|
| 문법 | <모나리자>는 어느 방향에서 보더라도 여인의 눈이 따라오는 것처럼 보인다고 해요. |
| 독해 | <모나리자>는 어느 방향에서 보더라도 여인의 미소가 따라오는 것처럼 보여요. |
| 쓰기 | 레오나르도 다빈치가 그린 <모나리자>는 여러 비밀을 담고 있는 신비롭고 특별한 그림이에요. |

### 4일_ 113쪽
| | |
|---|---|
| 문법 | 기계의 발전으로 세상이 완전히 변한 사건을 산업 혁명이라고 불러요. |
| 독해 | 증기 기관을 발명해서 물건을 천천히 만들 수 있게 되었어요. |
| 쓰기 | 기계의 발전으로 세상을 완전히 바꾼 산업 혁명은 현대 사회의 시작을 이끌었어요. |

### 5일_ 115쪽
| | |
|---|---|
| 문법 | 다음 날 허둥지둥 급하게 챙기려다, 중요한 물건을 빠뜨린 경험이 있어요. |
| 독해 | 외양간은 소의 잘못된 행동을 바로잡는 곳이에요. |
| 쓰기 | 어떤 일이 벌어진 뒤에야 바로잡으려는 행동은 소 잃고 외양간 고치는 것처럼 어리석어요. |

## 2주

### 1일_ 119쪽
| | |
|---|---|
| 문법 | 친구들과 팀을 나눠 문제를 풀고, 답을 맞히는 활동을 해요. |
| 독해 | 온라인 학교는 수업에 참여하기 어려워요. |
| 쓰기 | 온라인 학교는 학교에 가지 않고 노트북이나 컴퓨터로 수업을 듣지만, 수업에 참여할 수 있어요. |

### 2일_ 121쪽
| | |
|---|---|
| 문법 | 태양 빛은 매일매일 쏟아지므로 미래에는 태양광 에너지를 더 사용할 거예요. |
| 독해 | 태양광 에너지는 이산화탄소가 나와 환경에 해를 끼치지 않아요. |
| 쓰기 | 태양광 에너지는 환경에 해를 끼치지 않고, 무한히 만들어 낼 수 있어요. |

### 3일_ 123쪽
| | |
|---|---|
| 문법 | 종이 한 장으로도 다양한 형태의 작품을 만들 수 있는 종이 예술을 통해 창의력을 기를 수 있어요. |
| 독해 | 종이 한 장으로는 종이 예술 작품을 만들 수 없어요. |
| 쓰기 | 우리가 흔히 쓰는 종이를 접거나 오리거나 붙여서 멋진 종이 예술 작품을 만들 수 있어요. |

### 4일_ 125쪽
| | |
|---|---|
| 문법 | 로마 제국의 전성기는 정말 대단했어요. 하지만 로마 제국도 점점 약해졌어요. |
| 독해 | 로마 제국은 아시아에 세워져 아프리카로 넓게 퍼져 있었어요. |
| 쓰기 | 넓은 땅을 다스렸던 로마 제국은 멸망했지만, 로마 제국이 남긴 문화는 전 세계에 영향을 미쳤어요. |

### 5일_ 127쪽
| | |
|---|---|
| 문법 | 전자 화폐를 이용해 디지털 방식으로 결제해요. |
| 독해 | 전자 화폐를 이용해 지폐나 동전을 직접 주고받아요. |
| 쓰기 | 현금을 사용하지 않고 디지털 방식으로 결제하는 전자 화폐는 편리하고, 안전하고, 빠르다는 장점이 있어요. |

## 3주

### 1일_ 131쪽

| | |
|---|---|
| 문법 | 법이 잘 지켜져야 사람들 사이에 질서가 생기고, 국방이 튼튼해야 국민이 안전하게 살 수 있어요. |
| 독해 | 우리나라 대통령은 선거를 통해 국회의원이 뽑아요. |
| 쓰기 | 우리나라 대통령은 정치와 경제를 책임지고, 국방과 외교에 힘쓰는 지도자예요. |

### 2일_ 133쪽

| | |
|---|---|
| 문법 | 정신 못 차리게 몹시 바쁜 |
| 독해 | 경연은 왕이 혼자 공부하는 것을 말해요. |
| 쓰기 | 조선 시대 왕은 나라를 다스리는 중요한 역할을 하느라 하루를 매우 바쁘게 보냈어요. |

### 3일_ 135쪽

| | |
|---|---|
| 문법 | 一石二鳥 일석이조 |
| 독해 | '일석이조'는 두 개의 돌로 한 마리 새를 잡는다는 뜻이에요. |
| 쓰기 | '일석이조'는 한 번에 두 가지 이득을 얻는다는 뜻으로, 우리 생활에서도 '일석이조'와 같은 상황을 만들 수 있어요. |

### 4일_ 137쪽

| | |
|---|---|
| 문법 | 첫째, 다른 나라의 물건을 쉽게 사고 둘째, 서로 돕고 협력할 수 있어요. |
| 독해 | 예전에는 교통과 통신이 발달하여 정보를 주고받기 어려웠어요. |
| 쓰기 | 세계화를 통해 전 세계가 더 가깝게 연결되고, 서로의 문화를 이해하며 함께 발전할 수 있어요. |

### 5일_ 139쪽

| | |
|---|---|
| 문법 | 빗댄 |
| 독해 | 요리사는 도마 위에 재료를 올려놓고 남을 평가하는 사람이에요. |
| 쓰기 | 누구나 도마 위에 오를 수 있으므로 평가에 신경 쓰지 말고 자신의 실력을 발휘하는 게 중요해요. |

## 4주

### 1일_ 143쪽

| | |
|---|---|
| 문법 | 국민이 정치에 직접 참여해 결정을 내리는 민주주의에서 선거와 투표가 가장 중요해요. |
| 독해 | 민주주의에서 국민은 모두가 두 표씩 투표해요. |
| 쓰기 | 민주주의에서 국민은 선거와 투표로 정치에 직접 참여해 나라의 중요한 결정을 내려요. |

### 2일_ 145쪽

| | |
|---|---|
| 문법 | 해 + ( 시계 ) |
| 독해 | 해가 떠오르면 앙부일구 안쪽에 얼룩이 생겨요. |
| 쓰기 | 앙부일구는 조선 시대에 사용한 해시계로 우리나라의 뛰어난 과학 기술을 보여 줘요. |

### 3일_ 147쪽

| | |
|---|---|
| 문법 | 나는 놈 위에 타는 놈 있다 |
| 독해 | '뛰는 놈 위에 나는 놈 있다'라는 말은 자만하라는 교훈을 줘요. |
| 쓰기 | '뛰는 놈 위에 나는 놈 있다'라는 말은 매우 뛰어난 사람도 우쭐거리면 안 된다는 교훈을 줘요. |

### 4일_ 149쪽

| | |
|---|---|
| 문법 | 한정판 게임이 인기를 끄는 것처럼 비싼 초콜릿도 인기를 끌어요. |
| 독해 | 라 마들렌 오 트뤼프는 스웨덴 사람이 만들었어요. |
| 쓰기 | 값비싼 초콜릿이 인기를 끄는 이유는 물건의 가격이 비싸면 그 물건이 특별하다고 생각하기 때문이에요. |

### 5일_ 151쪽

| | |
|---|---|
| 문법 | 끝까지 최선을 다하면 좋은 결과가 우리를 기다리고 있어요. |
| 독해 | '고진감래'는 어려운 일이 없으면 행복이 온다는 것을 강조해요. |
| 쓰기 | '고진감래'는 어려운 일이 끝나면 행복이 온다는 것을 강조하는 말이에요. |

### 사진 출처

12쪽_ 북극곰, 셔터스톡

14쪽_ 월트 디즈니와 미키 마우스, 위키미디어 코먼스

16쪽_ 안중근 의사 글씨, 공유마당

26쪽_ 브레이크 댄스, 셔터스톡

38쪽_ 가야금, 해금, 장구, 셔터스톡

46쪽_ 공정 무역 초콜릿과 마크, 셔터스톡

50쪽_ 뮤지컬 <캣츠>, 위키미디어 코먼스

52쪽_ 고려청자, 국립중앙박물관

62쪽_ 팀랩 보더리스, 셔터스톡

70쪽_ 공유 킥보드, 셔터스톡

72쪽_ DNA, 셔터스톡

74쪽_ 플라멩코, 하회별신굿탈놀이, 셔터스톡

76쪽_ 이순신 동상, 셔터스톡

78쪽_ 국회의사당, 셔터스톡

84쪽_ 전기 자동차, 셔터스톡

90쪽_ 우리나라 화폐, 셔터스톡

96쪽_ 심해 아귀, 심해 오징어, 셔터스톡

108쪽_ 미세 먼지로 뒤덮인 서울, 셔터스톡

110쪽_ <모나리자>, 공유마당(한국저작권위원회)

112쪽_ 산업혁명 공장 그림, 셔터스톡

120쪽_ 태양광 패널 주차장, 셔터스톡

124쪽_ 콜로세움, 셔터스톡

130쪽_ 청와대, 셔터스톡

144쪽_ 앙부일구, 국립중앙박물관